Lernkrimi Deutsch

Mord
Unter den Linden

Story: Franziska Jaekel
Übungen: Dr. Ingrid Schleicher

compact

Weitere Informationen zu Compact Lernkrimis finden Sie am Ende des Buches und unter www.lernkrimi.de.

Baierbrunner Straße 27, 81379 München
Ausgabe 2015
6. Auflage

Chefredaktion: Dr. Matthias Feldbaum
Redaktion: Anke Fischer
Produktion: Ute Hausleiter
Titelillustration: Karl Knospe
Lernkrimi-Logo: Carsten Abelbeck
Gestaltung: Maria Seidel
Umschlaggestaltung: EKH Werbeagentur GbR, Hartmut Baier

ISBN 978-3-8174-7858-3
7278581/6

www.compactverlag.de, www.lernkrimi.de

Vorwort

Mit den neuen spannenden Compact Kurzkrimis können Sie Ihre Deutschkenntnisse auf schnelle und einfache Weise vertiefen, auffrischen und überprüfen.
Kommissar Otto erleichtert das Sprachtraining mit Action und Humor. Er und seine mysteriösen Kriminalfälle stehen im Mittelpunkt von vier in sich abgeschlossenen Storys.
Jeder Krimi wird durch abwechslungsreiche und kurzweilige Übungen ergänzt, die das Lernen unterhaltsam und spannend machen.
Prüfen Sie Ihr Deutsch in Lückentexten und Zuordnungsaufgaben, in Buchstabenspielen und Fehlersuchrätseln!
Ob im Bus oder in der Bahn, im Wartezimmer, zu Hause oder in der Mittagspause – das Sprachtraining im handlichen Format bietet die ideale Trainingsmöglichkeit für zwischendurch.
Schreiben Sie die Lösungen einfach ins Buch!
Die richtigen Antworten sind in einem eigenen Lösungsteil am Ende des Buches zusammengefasst.

Und nun kann die Spannung beginnen …

Viel Spaß und Erfolg!

Inhalt

Der Tote in der U-Bahn

In einer Berliner U-Bahn-Station in der Nähe der Charité wird ein Mann erstochen aufgefunden. Kommissar Ottos Kollege von der Spurensicherung erkennt den Mann: Er ist Arzt in der Unfallchirurgie. Der Kommissar glaubt nicht an einen gewöhnlichen Überfall und beginnt mit den Ermittlungen.

Mord Unter den Linden

Das Zimmermädchen macht eine grausige Entdeckung: In einem Bett des noblen *Hofhotels* liegt eine tote Frau – und auf dem Nachttisch viel Geld. Der Mann, der das Zimmer gebucht hat, ist schon abgereist. Kann Otto den Mann wiederfinden? Und ist er überhaupt dem richtigen Täter auf der Spur?

Verbrannt

Brandanschläge auf Pkws halten die Einwohner Berlins in Atem. Doch ein weiterer Anschlag ist mehr als Sachbeschädigung. Auf dem Beifahrersitz finden die Beamten eine verbrannte Leiche. Die Ermittlungen laufen auf Hochtouren. Wer war die junge Frau?

Sprung in den Tod

Im Hinterhof seines Hauses findet der Hausmeister die Leiche eines jungen Mannes. Es sieht so aus, als sei er vom Balkon seiner Dachgeschosswohnung gesprungen. Doch war es wirklich Selbstmord? Kommissar Otto ermittelt.

Der Tote in der U-Bahn

Ein aufgeregtes Summen hallt durch die Dunkelheit. Stefan Otto tastet mit geschlossenen Augen nach seinem Handy. Es liegt wie immer auf dem Nachttisch neben seinem Bett. Das kleine Mobiltelefon holt ihn nicht zum ersten Mal noch vor seinem Wecker aus dem Schlaf.

Otto blinzelt das Display an. 4:53 Uhr liest er ab. Der Anruf kommt aus seiner Dienststelle.

„Kriminalkommissar Otto", meldet sich der junge Mann. Er lauscht der Stimme am anderen Ende. „Hm", erwidert er ab und zu. „Leopoldplatz. Ich bin in dreißig Minuten vor Ort." Er trennt die Verbindung.

Kurz darauf sitzt er in seinem Auto. Die Straßen der Stadt erwachen langsam zum Leben. Doch Stefan Ottos Gedanken kreisen um einen Toten.

Übung 1: Wie lautet der Infinitiv der folgenden Partizipien?

1. abgesperrt ______________________
2. niedergestochen ______________________
3. zugerichtet ______________________
4. zusammengesackt ______________________
5. zerrissen ______________________
6. operiert ______________________
7. gekannt ______________________

Die U-Bahn-Station Leopoldplatz wurde bereits von den Beamten der zuständigen Polizeidirektion vorsorglich abgesperrt. Die ersten Pendler stehen aufgebracht davor. Heute müssen sie sich einen anderen Weg zur Arbeit suchen oder eine Verspätung in Kauf nehmen.

Otto steigt aus seinem Wagen und zeigt den Polizisten neben der Absperrung seinen Dienstausweis. Dann läuft er die Treppe zum Bahnsteig nach unten.

„Da bist du ja endlich“, ruft ihm seine Mitarbeiterin Sandra Kling entgegen. „Das Opfer wurde niedergestochen. Der Mann ist ziemlich übel zugerichtet. Er scheint sich gewehrt zu haben. Eine Tasche oder Papiere haben wir nicht gefunden. Es war wahrscheinlich Raubmord.“

„Dann wisst ihr also noch nichts über die Identität des Opfers?“, vermutet Otto. Er tritt an die Leiche heran. Der Mann liegt zusammengesackt auf dem Boden. Sein Mantel ist zerrissen und blutbefleckt. Das Gesicht wirkt schmerzverzerrt.

„Du wirst es nicht glauben“, flüstert Sandra. „Aber Reinecke kennt den Mann. Er war Oberarzt in der Unfallchirurgie des Virchow-Klinikums. Die Klinik gehört zur Charité. Vor drei Monaten hat er Reineckes Frau am Bein operiert.“

ÜBUNG 2 !

Übung 2: Lesen Sie weiter und setzen Sie die Wörter an den passenden Stellen ein! ***(Augen, Schulter, Tochter, Opfer, Tod, Leichen, Februar, Wand)***

Sandra zeigt über ihre 1. __________ nach hinten. Dort lehnt Horst Reinecke an der 2. __________. Er ist einer der besten Kollegen der Spurensicherung. Scheinbar macht es ihm schwer zu schaffen, dass er das 3. __________ gekannt hat.

Otto geht zu ihm hinüber. „Morgen, Reinecke. Sie kannten den Mann?“, fragt er.

Reinecke seufzt und sieht den Kriminalkommissar mit traurigen 4. __________ an.

„Dr. Manfred Hauser, verheiratet, eine erwachsene 5. __________. Ich habe schon so viele 6. __________ untersucht. Aber noch nie war eine Person darunter, die ich gekannt habe. Er war ein guter

Arzt. Hat sich sehr um meine Frau gekümmert. Sie hatte sich im 7. __________ das Bein gebrochen. Wenn ich ihr das erzähle …“
Reinecke schluckt.
„Ich schlage vor, Sie sagen mir, was Sie bisher über den 8. _________ des Mannes herausgefunden haben. Und dann gehen Sie nach Hause“, meint Otto. „Ich kümmere mich um Ersatz.“

Reinecke nickt erleichtert. „Es sind zehn Messerstiche im Bauch- und Brustbereich. Wahrscheinlich war keiner davon sofort tödlich. Dr. Hauser ist verblutet. Der Tod muss etwa zwischen zwei Uhr und drei Uhr heute Morgen eingetreten sein. Ich konnte keine Brieftasche, keine Uhr, kein Handy oder andere persönliche Gegenstände finden. Der Mörder muss ihn komplett ausgeraubt haben.“
„Danke“, sagt Otto und starrt nachdenklich auf seinen Notizblock. Er schreibt sich immer das Wichtigste auf. Doch irgendetwas stört ihn an den Umständen des Mordes.
Er geht zurück zu seiner Kollegin. „Wo ist eigentlich die Zeugin, die die Leiche gemeldet hat?“, fragt er Sandra.
„Die Frau sitzt draußen im Dienstwagen der zuständigen Polizeidirektion. Sie ist völlig aufgelöst. Sie arbeitet als Putzfrau und wollte gerade zu ihrem ersten Auftraggeber fahren.“
„Wann genau hat sie das Opfer gefunden?“, fragt Otto.
„Gegen vier Uhr“, antwortet Sandra.
Der Kriminalkommissar schaut wieder auf seine Notizen. ‚Was macht ein Oberarzt der Charité mitten in der Nacht in einer U-Bahn-Station?‘, fragt er sich.
„Das Virchow-Klinikum ist doch nicht weit von hier, oder?“, überlegt Otto laut. „Wir sollten uns dort umhören. Vielleicht kann uns jemand sagen, warum Dr. Hauser so spät noch mit der U-Bahn fahren wollte. Sein Einkommen hätte bestimmt auch für ein Taxi gereicht.“

„Du gibst dich wohl nie mit dem zufrieden, was wir am Tatort vorfinden“, meint Sandra.
„Wenn ich das tun würde, hätte ich meinen Beruf verfehlt“, antwortet Otto.
Er wirft noch einen kurzen Blick auf den Ermordeten. Dann geht er auf den Ausgang des U-Bahnhofs zu.
An der Absperrung spricht er einen der wartenden Beamten an.

ÜBUNG 3 !

Übung 3: Ergänzen Sie den Artikel und setzen Sie dann das Nomen in den Plural!

Artikel		*Plural*	*Artikel*		*Plural*
1. _____	Foto	__________	6. _____	Parkplatz	__________
2. _____	Leiche	__________	7. _____	Klinik	__________
3. _____	Blick	__________	8. _____	Gebäude	__________
4. _____	Tatort	__________	9. _____	Tür	__________
5. _____	Ausweis	__________	10. _____	Dienst	__________

„Rufen Sie jemand Neues von der Spurensicherung. Es müssen noch Fotos gemacht werden und die Leiche muss in die Gerichtsmedizin. Anschließend soll der Tatort so schnell wie möglich gesäubert werden, damit die U-Bahnen wieder fahren können. Ich höre schon die Verkehrsbetriebe jammern. Außerdem müssen die Leute zur Arbeit. Nehmen Sie die Aussage der Zeugin zu Protokoll. Und dann fahren Sie mit einem Kollegen umgehend zur Ehefrau des Opfers. Bringen Sie ihr aber schonend bei, was passiert ist. Und gehen Sie dabei nicht ins Detail.“
Der ältere Beamte nickt nur. Die forsche und direkte Art des jungen Kriminalkommissars lässt ihn nicht widersprechen.
„Du hast mal wieder an alles gedacht“, sagt Sandra und schüttelt den Kopf. Sie kennt den attraktiven Kommissar schon seit ihrer

Ausbildung an der Polizeischule. Jetzt arbeiten sie im Berliner Landeskriminalamt, im LKA, in der Abteilung 1 zusammen. Das ist für Sandra ein angenehmer Zufall. Wie gern würde sie Stefan auch privat treffen. Doch der ehrgeizige Kriminalkommissar scheint nur in seinen Beruf verliebt zu sein.
„Steig ein“, ruft Otto seiner Kollegin zu. Ungeduldig setzt er sich an das Lenkrad seines Wagens.

Wenig später treffen die beiden Kriminalbeamten vor dem Haupteingang des Virchow-Klinikums am Augustenburger Platz ein. Otto parkt sein Auto am Taxistand. Sofort kommt ihnen ein wütender Taxifahrer entgegen. Otto holt nur kurz seinen Dienstausweis hervor und erklärt: „Wir sind vom LKA. Wir ermitteln auch in Ihrem Interesse.“
Der Taxifahrer winkt beleidigt ab und kehrt zu seinem Fahrzeug zurück. „Wir hätten aber auch auf das Gelände fahren können“, bemerkt Sandra.
„Und den Angehörigen oder Kranken einen der wenigen Parkplätze wegnehmen?“, kontert Otto. „Die Taxifahrer werden das schon verkraften.“
Sie betreten das riesige Gelände der Klinik. Zum Glück ist alles ausgeschildert. So finden Otto und seine Mitarbeiterin trotz der vielen Gebäude schnell die Unfallchirurgie.
Auf der Station riecht es nach Desinfektionsmitteln. Trotz der frühen Morgenstunden ist alles hell erleuchtet. Viele Türen befinden sich an beiden Seiten des langen Ganges. Irgendwo sind Stimmen zu hören.
Eine beleibte Krankenschwester kommt aus einem der Zimmer. Eilig läuft sie den Polizisten entgegen.
„Guten Morgen“, spricht Otto sie an. „Stefan Otto, Landeskriminalamt. Das ist meine Kollegin Sandra Kling.“

Die rundliche Frau bleibt abrupt stehen. „Was kann ich für Sie tun?“, fragt sie.
„Hat Dr. Hauser auf dieser Station gearbeitet?“, fragt der Kommissar.
„Ja, Dr. Hauser arbeitet hier. Sein Dienst beginnt heute um neun Uhr. Sie müssen später wiederkommen, wenn Sie ihn sprechen wollen.“ Die Schwester wendet sich zum Gehen.
„Nun, das wird nicht möglich sein. Er wurde heute Morgen erstochen in der U-Bahn-Station Leopoldplatz aufgefunden.“
Die Frau wird bleich. Sprachlos starrt sie Otto an. „Das … das kann nicht wahr sein ...“, stammelt sie.
„Vielleicht können wir uns irgendwo hinsetzen und Ihnen ein paar Fragen zu Dr. Hauser stellen?“, mischt sich Sandra ein. Sie wirft Otto einen vorwurfsvollen Blick zu.
„Ja, sicher …“, antwortet die Krankenschwester mit zitternder Stimme. Sie führt Sandra und den Kommissar in das Stationszimmer.
„Bitte, nehmen Sie doch Platz“, sagt die füllige Frau und deutet auf zwei Stühle. „Ich habe mich noch gar nicht vorgestellt. Mein Name ist Rosemarie Hermann. Ich bin eine der Nachtschwestern in der Chirurgie. Mit Dr. Hauser arbeite ich schon seit fünfzehn Jahren zusammen …“

ÜBUNG 4 !

*Übung 4: Stehen die unterstrichenen Wörter im Dativ (**D**) oder Akkusativ (**A**)? Entscheiden Sie!*

Schwester Rosi kommt ins Stocken (1.   ). Hastig fingert sie in der Tasche (2.   ) ihres Schwesternkittels und zieht ein Taschentuch hervor. Sie wischt sich die Nase ab. „Er wurde erstochen, sagen Sie? Wie furchtbar … Wer könnte nur so etwas Schreckliches tun?“
„Das wollen wir ermitteln. Und vielleicht können Sie uns dabei behilflich sein. Wie war er denn so als Arzt?“, fragt Otto.

„Dr. Hauser war ein anerkannter und hervorragender Chirurg. Er hat viele komplizierte Operationen erfolgreich durchgeführt. Er wurde von allen hier geachtet."

„Und wie hat er sich im Umgang mit den Patienten (3.   ) verhalten?", hakt Otto nach.

„Er war immer sehr freundlich zu seinen Patienten (4.   ). Seine ärztliche Fürsorge beschränkte sich nicht nur auf den Operationssaal. (5.   ) Oft hat er sich auch selbst um die Nachsorge (6.   ) gekümmert und immer ein paar persönliche Worte mit den Betroffenen gewechselt. Aber Sie gehen doch hoffentlich nicht davon aus, dass jemand, der ihn kannte …"

„Ich muss alle Möglichkeiten in Betracht ziehen, Frau Hermann", sagt Otto.

„Wenn Sie das so sagen …" Schwester Rosi verstummt.

„Jedes Detail, das Ihnen einfällt, könnte wichtig für uns sein", ermuntert Sandra sie zum Weiterreden (7.   ).

„Wissen Sie, seine Frau, ich meine Frau Hauser, die hat ihm oft Probleme bereitet." Die Nachtschwester hält sich erschrocken den Mund zu.

„Haben Sie keine Scheu. Alles, was Sie hier erzählen, bleibt vorerst unter uns."

„Es ist nur … die arme Frau ist doch jetzt Witwe. Aber ihren Mann hat sie nicht gut behandelt. Dr. Hauser war mehrmals im Monat (8.   ) länger als vierundzwanzig Stunden hier. Dann habe ich oft erlebt, wie seine Frau nachts in der Klinik (9.   ) aufgetaucht ist und ihn angeschrien hat."

„Wissen Sie, worum es dabei ging?"

„Natürlich, das war ja nicht zu überhören. Sie hat ihm vorgeworfen, fremdzugehen. Sie war eifersüchtig auf die jungen Krankenschwestern. Viele haben im OP und auf der Station (10.   ) mit ihm zusammengearbeitet."

„Und, war da etwas Wahres dran?"
„Ich bitte Sie, Herr Kommissar. Dr. Hauser war ein ehrenhafter Mann. Für ihn zählten noch Moral und Anstand." Schwester Rosi schnäuzt in ihr Taschentuch.
Otto macht sich Notizen und wechselt das Thema. „Wissen Sie, wann Dr. Hauser die Klinik gestern verlassen hat?"
„Ja, gestern Abend kam noch ein Notfall herein. Dr. Hauser und Dr. Stein, einer unserer Assistenzärzte, mussten bis spät in die Nacht operieren. Ich trete meinen Dienst immer um 22 Uhr an. Zu dieser Zeit waren sie noch im OP beschäftigt. Der Patient kam gegen Mitternacht auf die Intensivstation. Dr. Hauser verschwand danach in seinem Büro. Er schien ziemlich angespannt zu sein. Um ein Uhr winkte er mir dann vom Ausgang aus zu. Er hatte es eilig, denn er zeigte dabei auf seine Uhr. Jetzt, wo ich darüber nachdenke …"
„Fällt Ihnen noch etwas ein?" Otto steht unruhig auf. Doch Sandra gibt ihm ein Zeichen, dass er sich wieder hinsetzen soll.
„Lassen Sie sich von meinem Kollegen nur nicht aus der Ruhe bringen", entschuldigt sie sich für sein Verhalten. „Herr Otto ist manchmal etwas ungeduldig."
„Mir fällt wirklich noch etwas ein. Dr. Stein stand gestern Nacht ebenfalls am Ausgang. Er winkte Dr. Hauser hinter seinem Rücken ziemlich gehässig nach. Zwischen den beiden gab es immer mal wieder Auseinandersetzungen. Dr. Stein wartet nämlich schon länger auf eine Beförderung. Doch Dr. Hauser hat bisher immer dagegen gestimmt." Schwester Rosi sieht die beiden Kriminalbeamten mit großen Augen an.
„Dann gibt es also unter den Kollegen doch jemanden, der nicht gut auf den Oberarzt zu sprechen ist", schlussfolgert Otto. „War es denn üblich, dass Dr. Hauser die U-Bahn benutzte?"
„Die U-Bahn? Oh nein. Dr. Hauser kam immer mit dem Auto zur Arbeit."

„Rosi, du bist ja noch hier. Hast du nicht längst Feierabend?“ Eine junge Krankenschwester betritt das Stationszimmer. „Guten Morgen“, wendet sie sich lächelnd an Kommissar Otto. Sandra beachtet sie mit keinem Blick. Typisch, ärgert sich die Polizistin.
„Ich werde mich mal um das Frühstück kümmern“, fährt die hübsche Krankenschwester an Rosi gewandt fort. „Es sind ja schon fast alle wach und der Frühstückswagen steht auch schon da.“ Sie klemmt sich eine Liste unter den Arm und verlässt mit schwingenden Hüften den Raum.

Übung 5: Welches Wort gehört nicht dazu?

ÜBUNG 5 !

1. Arzt, Taxifahrer, Kommissar, Patient ______________
2. Frühstück, Abendessen, Brot, Mittagessen ______________
3. Auto, U-Bahn, Bus, Straßenbahn ______________
4. Zimmer, Krankenhaus, Raum, Büro ______________
5. Auskunft, Information, Mitteilung, Rede ______________
6. Scherz, Lachen, Witz, Spaß ______________
7. Toter, Leiche, Leichnam, Grab ______________
8. Überfall, Mord, Kommissar, Erpressung ______________
9. Messer, Pistole, Löffel, Gabel ______________

„Dann wollen wir Sie mal in Ihren wohlverdienten Feierabend entlassen“, meint Otto. Die junge Krankenschwester scheint keinen Eindruck auf ihn gemacht zu haben. „Können Sie uns noch sagen, wo wir den Chefarzt und diesen Dr. Stein finden?“
Rosi sieht auf ihre Uhr. „Wenn Sie Glück haben, treffen Sie Dr. Stein noch in seinem Arztzimmer in der zweiten Etage. Unser leitender Arzt kommt heute um neun Uhr.“
„Dann schicken wir später jemanden aus der Dienststelle zu ihm. Die Nachricht vom Tod eines Kollegen sollte der Chef persönlich

seinen Mitarbeitern mitteilen." Kommissar Otto sieht Schwester Rosi bei diesen Worten eindringlich an.

„Ich gehe jetzt nach Hause. Von mir erfährt niemand ein Wort darüber", versichert sie.

„Glaubst du, dass dieser Assistenzarzt etwas mit dem Mord zu tun hat?", fragt Sandra auf dem Weg in die zweite Etage. „Vielleicht will er endlich seine Beförderung durchsetzen und geht dabei über Leichen?"

„Solche Vermutungen sind etwas voreilig", antwortet Otto. „Lass uns den Mann erst einmal befragen. Danach möchte ich auch noch Frau Hauser besuchen. Eifersucht ist ebenfalls ein starkes Motiv."

Sandra und Otto gehen den Gang entlang und lesen die Namensschilder neben den Türen ab. Endlich finden sie das richtige Zimmer. Otto klopft an. Doch niemand öffnet. Gerade als Otto nach der Klinke greifen will, ruft ihnen eine aufgebrachte Stimme zu: „He, Sie, was machen Sie da? Das ist mein Büro!"

Otto dreht sich um. „Freut mich sehr, Herr Dr. Stein. Stefan Otto ist mein Name, Kriminalkommissar. Das ist meine Kollegin Sandra Kling. Wir ermitteln im Mordfall Dr. Hauser. Können Sie uns dazu Auskunft geben?"

Dr. Stein steht inzwischen vor ihnen. Otto schüttelt dem verdutzten Arzt die Hand.

„Was soll das heißen ‚Mordfall Dr. Hauser'?", fragt der Arzt.

„Das soll heißen, Sie sind Ihren verhassten Vorgesetzten los. Dr. Hauser stand Ihnen doch bei Ihrer Karriere im Weg, oder?"

Dr. Steins Gesichtszüge erstarren. Auch Sandra schaut ihren Kollegen fassungslos an.

„Wenn das ein Scherz sein soll …", beginnt Dr. Stein.

„Das wäre aber ein sehr schlechter Scherz", unterbricht ihn Otto. „Dr. Hauser wurde heute Nacht in einer U-Bahn-Station erstochen. Können Sie mir erklären, warum?"

„Die Erklärungen müssen schon Sie liefern. Das ist doch Ihr Aufgabengebiet, Herr Kriminalkommissar", antwortet der Arzt. „Oder etwa nicht?"

„Die Erklärung für einen Mord liefert immer der Mörder. Freiwillig oder unfreiwillig." Otto funkelt Dr. Stein herausfordernd an.

Jetzt mischt sich Sandra ein. Sie will die Situation etwas entschärfen.

„Wir befragen verschiedene Personen aus dem persönlichen Umfeld das Opfers. Deshalb sind wir hier. Wo waren Sie heute Nacht in der Zeit zwischen ein Uhr und vier Uhr?"

Der Assistenzarzt wendet sich Sandra zu. „Ich bin seit gestern Morgen um sechs Uhr in der Klinik. Sie können gern unten auf der Station nachfragen. Gestern Abend habe ich noch mit Dr. Hauser zusammen operiert. Er hat das Krankenhaus gegen ein Uhr verlassen, ich habe weitergearbeitet. Schwester Carmen von der Intensivstation hat mich dreimal gerufen. Vor ein paar Minuten bin ich von dort zurückgekommen. Das können Sie gern überprüfen. Danach war ich im Umkleideraum. Und jetzt möchte ich nach Hause fahren."

Übung 6: Entscheiden Sie, ob die folgenden Verben trennbar (***t*** *) oder untrennbar (* ***u*** *) sind und bilden Sie das Perfekt der 1. Person Singular!*

1. verdächtigen ( ) ____________________
2. herausfordern ( ) ____________________
3. zurückkommen ( ) ____________________
4. durchsetzen ( ) ____________________
5. befragen ( ) ____________________
6. verlassen ( ) ____________________
7. entsprechen ( ) ____________________
8. einschalten ( ) ____________________

Dr. Stein betritt sein Arztzimmer. Er holt eine Jacke und eine Tasche und kommt zurück zur Tür. „Kann ich sonst noch etwas für Sie tun?“, fragt er die beiden Kriminalbeamten.
„Ja“, sagt Otto kurz. „Sie könnten uns das Büro von Dr. Hauser zeigen.“
Ohne ein Wort führt Dr. Stein den Kommissar und seine Kollegin zu der entsprechenden Tür. Er drückt die Klinke herunter und sagt mit gespielter Freundlichkeit: „Bitte sehr.“ Dann geht er grußlos davon.
Sandra und Otto betreten das Zimmer. Ein großer Schreibtisch steht vor dem Fenster. Patientenakten stapeln sich zwischen einem Computerbildschirm und einem Telefon. Die Bücherregale an den Wänden sind mit medizinischen Fachbüchern und Nachschlagewerken vollgestopft.
„Was sollte das denn eben?“, fragt Sandra. „Musstest du so direkt zu Dr. Stein sein? Ich dachte, es ist noch zu früh, um ihn zu verdächtigen.“
„Ist es auch. Falls er aber doch etwas mit dem Mord zu tun hat, soll er sich ruhig von uns beobachtet fühlen. Die meisten Menschen machen dann Fehler.“
Sandra zuckt nur mit den Schultern. „Du wirst schon wissen, was du tust.“
Sie blättert einige Papiere durch. „Was suchen wir hier eigentlich?“
„Vielleicht einen Hinweis darauf, warum es Dr. Hauser in der letzten Nacht so eilig hatte. Und warum er nicht sein Auto benutzt hat“, antwortet Otto. Er schaltet den Computer des Arztes ein. Auf dem Bildschirm erscheint ein Eingabefeld.
„Das dachte ich mir schon. Wir brauchen ein Passwort.“ Otto schaut auf seine Uhr. „Darum soll sich der Kollege kümmern, der nachher den Chefarzt informiert. Außerdem soll er alle Anrufe prüfen, die Dr. Hauser in den letzten Tagen von diesem Telefon aus

geführt hat und die er angenommen hat. Wir sollten jetzt erst einmal Frau Hauser aufsuchen."
Otto holt sein Handy aus der Tasche und telefoniert mit der Dienststelle.
Ein paar Minuten später ist alles organisiert. Otto notiert sich die Anschrift des Opfers. Dann verlassen er und Sandra die Klinik.

*Übung 7: Ist die Adjektivendung richtig (**r**) oder falsch (**f**)? Korrigieren Sie, wenn nötig!*

ÜBUNG 7 !

1. Das Haus ist eine vornehme Stadtvilla. ( ) ____________
2. Der junge Mann trägt verwaschenen Jeans. ( ) ____________
3. Er hat ein blaues Auge. ( ) ____________
4. Der Weg geht durch einen gepflegte Garten. ( ) ____________
5. Die Nachricht ist furchtbare. ( ) ____________
6. Sie sprechen ihr herzliches Beileid aus. ( ) ____________
7. Der junge Mann ist unfreundlich. ( ) ____________
8. Sie sitzen auf einem elegantes Sofa. ( ) ____________

„Breisgauer Straße, hier muss es sein", sagt Sandra. Die beiden Kriminalbeamten sind im grünen Stadtteil Zehlendorf angekommen. Otto hält vor einer vornehmen Stadtvilla.
Sandra betritt den Bürgersteig vor der Villa des Arztes. In diesem Moment wird sie fast von einem jungen Mann umgerannt. Er trägt eine abgenutzte Lederjacke und ausgewaschene Jeans.
„He, können Sie nicht aufpassen?", ruft Sandra dem Mann hinterher.
Er dreht sich kurz um. Mit einem finsteren Gesichtsausdruck macht er eine wegwerfende Geste. Dann hastet er weiter.
„Der scheint es aber eilig zu haben", sagt Otto. „Und er passt so gar nicht in diese Gegend. Hast du sein blaues Auge gesehen?"

Sandra nickt und reibt sich die Schulter. „Kam der etwa aus der Villa von Dr. Hauser?", fragt sie verwundert.
„Das werden wir gleich herausfinden."
Otto öffnet das Gartentor und betritt einen schmalen Weg. Er führt durch einen gepflegten Vorgarten zu einer kleinen Treppe vor dem Haus. Der Kommissar geht die Stufen zur Eingangstür hinauf und drückt auf die Klingel.
Sofort wird die Tür aufgerissen. „Ich habe doch …" Die Frau bricht den Satz ab und starrt Otto an.
„Frau Hauser?", fragt Otto. „Mein Name ist Stefan Otto, Kriminalkommissar", stellt er sich vor. „Das ist meine Kollegin Sandra Kling."
Sandra steht hinter Otto und lächelt die Frau freundlich an.
„Guten Tag", seufzt Frau Hauser. „Das ist ein schrecklicher Morgen. Ständig klingelt es an der Tür. Und dann auch noch die furchtbare Nachricht …" Sie lehnt sich an den Türrahmen.
„Unsere Kollegen waren also schon bei Ihnen", schlussfolgert Otto. „Wir möchten Ihnen unser Beileid aussprechen. Dürfen wir hereinkommen?"
Frau Hauser tritt zur Seite und lässt die Polizisten ins Haus.
„Stand eben ein junger Mann mit einem blauen Auge bei Ihnen vor der Tür?", will Otto wissen. Dabei sieht er sich um.
„Ja, so ein unfreundlicher Mensch war das. Er wollte zu meiner Tochter. Dabei ist sie nur noch selten hier. Ich habe ihn weggeschickt. Aber er hat noch einmal geklingelt. Er wollte mir sogar drohen. Wenn Sie nicht gekommen wären, hätte ich die Polizei gerufen."

ÜBUNG 8 !

Übung 8: Lesen Sie weiter und setzen Sie die passenden Verben in die Lücken! ***(führt, wollte, fragen, hat, studiert, auftaucht, gehören, unterhalten, anbieten, wurde)***

„Wissen Sie, was er von Ihrer Tochter 1. ______ ? Er sieht nicht unbedingt so aus, als würde er zum Freundeskreis einer Arzttochter 2. ______________ ."
„Ich habe keine Ahnung, woher er Katja überhaupt kennt. Seit sie an der Humboldt Universität Philosophie 3. __________ , bekomme ich aber sowieso nur wenig von ihrem Umgang mit. Aber bitte, setzen Sie sich doch."
Frau Hauser 4. __________ ihre Gäste in das Wohnzimmer. Höflich deutet sie auf ein Ledersofa. Ein eleganter Tisch steht davor. Otto und Sandra nehmen Platz.
„Darf ich Ihnen etwas 5. __________ ? Einen Kaffee vielleicht?", fragt die Hausherrin.
Erst jetzt wird Otto bewusst, dass er an diesem Morgen weder gefrühstückt noch etwas getrunken 6. __________ .
„Ein Kaffee wäre sehr nett", kommt ihm Sandra mit einer Antwort zuvor.
Frau Hauser verlässt das Wohnzimmer.
„Wir sollten uns heute auch noch mit der Tochter 7. __________", sagt Sandra leise zu ihrem Kollegen. „Es kann kein Zufall sein, dass am Tag des Mordes hier so ein Typ 8. ________________ ."
„Falls Frau Hauser die Wahrheit sagt. Warum sollte jemand im Haus der Eltern nach der Tochter 9. __________ , wenn sie offensichtlich nicht mehr hier wohnt? Außerdem scheint die Frau trotz der schlimmen Nachricht sehr gefasst zu sein. Oder würdest du Kaffee anbieten, wenn du gerade erfahren hast, dass dein Partner erstochen 10. __________ ?"

Die Witwe kommt mit einem Tablett zurück. Sie stellt zwei dampfende Kaffeetassen, ein Kännchen mit Milch und einen Zuckerstreuer auf dem Tisch ab. Dann setzt sie sich den Beamten gegenüber in einen Sessel.

„Ich hoffe, Sie können mir etwas Genaueres über die Umstände des Todes meines Mannes erzählen. Vorhin waren zwei Polizisten hier. Aber die wollten mir nicht viel sagen. War es ein Raubüberfall?“

„Das ermitteln wir noch, Frau Hauser. Wir kommen gerade aus der Klinik. Sie sollen ihn dort häufig besucht haben, weil sie eifersüchtig waren. Stimmt das?“ Otto greift nach der Kaffeetasse und sieht die Frau direkt an.

Aufgebracht steht Frau Hauser auf. „Mein Mann war Oberarzt. Er hat mit vielen jungen Krankenschwestern zusammengearbeitet. Die meisten haben ihn angehimmelt. Und ich saß abends so oft allein zu Hause …“

Sandra stößt Otto unauffällig mit dem Fuß an.

„Ich verstehe“, antwortet er kurz. Seine Antwort richtet sich auch an seine Kollegin. „Reden wir von etwas anderem. Ihr Mann hat in der letzten Nacht die U-Bahn benutzt. Das ist etwas ungewöhnlich. Können Sie uns dazu etwas sagen?“

Frau Hauser setzt sich wieder in ihren Sessel. „Wissen Sie, mein Mann war ziemlich sparsam. Ich musste ihn lange dazu überreden, in diese Villa zu ziehen. Sein Auto hat er vorgestern Katja geborgt. Sie wollte es ihm eigentlich gestern Abend zurückbringen und vor der Klinik abstellen. Aber das hat sie offensichtlich nicht getan. Vielleicht ist er deshalb mit der U-Bahn gefahren.“

„Haben Sie denn schon mit ihrer Tochter gesprochen?“, hakt Sandra nach. Sie nippt an ihrer Tasse.

„Ich habe versucht, Katja auf dem Handy anzurufen. Aber sie geht nicht ans Telefon.“ Frau Hauser sieht nervös zur Seite.

„Gab es vielleicht Streit zwischen Ihrem Mann und Ihrer Tochter?“, fragt Otto.

„Ich mische mich schon lange nicht mehr in die Beziehung der beiden ein. Mir ist auch unbegreiflich, warum er Katja überhaupt sein Auto geliehen hat. Das sieht ihm gar nicht ähnlich.“

„Vielleicht können wir Ihre Tochter selbst danach fragen. Wir brauchen ein Foto von ihr. Und ihre Adresse und Telefonnummer. Ach ja, das Kennzeichen, die Automarke und die Farbe des Wagens Ihres Mannes können Sie uns ebenfalls gleich mitteilen."
Ottos Stimme hat wieder einen energischen Ton angenommen. Doch Frau Hauser scheint das nicht zu stören. Gewissenhaft macht sie die nötigen Angaben. Otto kramt seinen Notizblock aus der Jackentasche und schreibt alles auf.
Dann holt Frau Hauser ein Foto ihrer Tochter. „Wenn Sie Katja finden, sagen Sie ihr bitte, dass sie nach Hause kommen soll. Ich möchte sie in diesen schweren Stunden bei mir haben."

„‚Ich möchte sie in diesen schweren Stunden bei mir haben?' Frau Hauser geht wirklich merkwürdig mit dem gewaltsamen Tod ihres Mannes um", wundert sich Sandra. Sie sitzt wieder neben Otto im Auto.
„Ich bin mir sicher, dass wir es nicht mit einem Raubüberfall zu tun haben. Dazu häufen sich zu viele eigenartige Zufälle. Dr. Hauser wurde vorsätzlich umgebracht. Und wahrscheinlich haben seine Frau und seine Tochter etwas damit zu tun", überlegt Otto laut. „Ein Beamter sollte die Villa im Auge behalten."
„Und was ist mit dem Assistenzarzt, diesem Dr. Stein?", fragt Sandra.
„Den haben wir wohl ganz schön geschockt", antwortet Otto. „Jetzt suchen wir aber erst einmal nach Katja Hauser. Zur Not geben wir eine Fahndung heraus."
Der junge Kriminalkommissar fährt in Richtung Berlin Mitte. Da klingelt sein Mobiltelefon. Interessiert lauscht Sandra dem Gespräch über die Freisprechanlage.
Die Gerichtsmedizinerin hat DNA-Spuren an der Kleidung des Opfers gefunden. Sie stammen von einem vorbestraften Kriminellen. Der

junge Mann saß schon einmal wegen Drogenbesitzes im Gefängnis.

Otto trennt die Verbindung.

„Wir haben den Täter?“, fragt Sandra.

„Zumindest seine Identität“, sagt Otto trocken. „Die Fahndung nach dem Mann läuft bereits. Aber ich glaube nicht, dass der Fall damit abgeschlossen ist. Ich habe da so eine Ahnung. Wir ändern unsere Pläne. Zuerst fahren wir zur Dienststelle und sehen uns die Akte des Täters an. Dann können wir immer noch mit der Tochter des Opfers sprechen.“

ÜBUNG 9 !

Übung 9: Bilden Sie den Imperativ der 2. Person Singular und Plural!

Sie	*Du*	*Ihr*
1. Grüßen Sie!	______________	______________
2. Fahren Sie!	______________	______________
3. Lesen Sie!	______________	______________
4. Unterbrechen Sie!	______________	______________
5. Lassen Sie!	______________	______________
6. Kombinieren Sie!	______________	______________
7. Schimpfen Sie!	______________	______________
8. Geben Sie!	______________	______________

Im Dienstgebäude der Abteilung 1 des Berliner Landeskriminalamts herrscht wie immer reges Treiben. Doch Otto und Sandra haben es eilig. Auf dem Weg zu Ottos Dienstzimmer grüßen sie nur kurz ein paar Kollegen.

In seinem Büro geht Otto gleich zum Schreibtisch. Dort liegt schon die Akte des Täters bereit.

Der Kommissar schlägt die Akte auf.

„Ich habe es geahnt", murmelt er. Er zeigt das Polizeifoto seiner Kollegin. Sandras Augen werden groß. Auch sie erkennt den jungen Mann sofort, obwohl er auf dem Bild kein blaues Auge hat. Das kann kein Zufall sein.
„Marko Wiebald, 25 Jahre", liest Sandra vor. Sie lehnt sich an den Schreibtisch. Neugierig blättert sie die Akte durch.
Otto greift unterdessen nach dem Telefon. Er gibt kurze Anweisungen. Dann knallt er den Hörer auf und lässt sich in seinen Schreibtischstuhl fallen.
„Wenn Frau Hauser hier ist, hat sie uns einiges zu erklären. Spätestens wenn wir den Täter haben, wird sich herausstellen, ob sie ihn kennt oder nicht", schimpft er vor sich hin.
„Moment mal", unterbricht ihn Sandra. „Hat Frau Hauser vorhin nicht gesagt, dass ihre Tochter Philosophie studiert?"
„Wieso ist das wichtig?", fragt Otto.
„Weil der Täter für zwei Semester an der Philosophischen Fakultät eingeschrieben war. Wahrscheinlich hat ihn sein Drogenkonsum in die Kriminalität abrutschen lassen. Und vielleicht kennt er Katja Hauser doch."
„Du kombinierst schnell. Sehr gut, Sandra", lobt Otto seine Kollegin.
„Ich habe ja auch ein fantastisches Vorbild", gibt Sandra das Kompliment zurück.
Aber Stefan reagiert nicht darauf. Er greift schon wieder zum Telefon und lässt sich mit der Humboldt Universität verbinden.

Wenig später stehen Otto und Sandra in einem der Verhörräume. Frau Hauser sitzt am Tisch und betrachtet aufmerksam das Foto des Täters.
„Ich kann es nicht glauben. Meine Tochter soll diesen Mann kennen?" Die Witwe schüttelt den Kopf. Ihre Augen werden feucht.

„Mich interessiert zunächst, ob Sie Marko Wiebald kennen.“ Otto stützt sich mit den Armen auf den Tisch. Er sieht die Frau herausfordernd an.
„Aber das habe ich Ihnen doch bereits gesagt“, beteuert sie. „Er hat heute Morgen bei mir geklingelt und nach Katja gefragt. Vorher habe ich ihn noch nie gesehen.“
„Sie machen sich strafbar, wenn Sie uns nicht die Wahrheit sagen. Das wissen Sie?“, hakt Otto nach.
„Sie reden, als würden Sie mich verdächtigen!“, antwortet Frau Hauser empört. „Dabei war es dieser Mann!“ Aufgebracht deutet sie auf das Foto. „Sie sollten sich lieber um die Festnahme des Mörders kümmern!“ Jetzt kommen der Witwe die Tränen.
Sandra reicht ihr ein Taschentuch. Dabei sieht sie Otto mit gerunzelter Stirn an.
Der Kriminalkommissar setzt sich Frau Hauser gegenüber. „Ihre Tochter muss Marko Wiebald tatsächlich kennen. Ich habe vorhin mit Mitarbeitern der Universität telefoniert. Es gibt Teilnehmerlisten von Seminaren. Vor einem Jahr haben Marko Wiebald und Ihre Tochter mehrere Seminare gemeinsam besucht. Wir vermuten, dass die beiden seit dieser Zeit in Kontakt stehen. Nimmt Katja vielleicht Drogen?“
Frau Hauser schluchzt laut und wischt sich mit dem Taschentuch über die Augen. „Auf keinen Fall. Sie trinkt nicht einmal Alkohol“, antwortet sie mit erstickter Stimme.
„Wir fragen sie am besten selbst. Sie wird jeden Moment hierher gebracht.“
„Dann haben Sie Katja gefunden?“ Hoffnungsvoll schaut Frau Hauser auf.
„Ja, sie saß in einer Vorlesung. Als wäre nichts gewesen …“
Es klopft an der Tür. Ein Kriminalbeamter steckt den Kopf in den Verhörraum. „Kann ich kurz mit Ihnen sprechen, Herr Otto?“

Übung 10: Ergänzen Sie die folgende Tabelle!

	Positiv	*Komparativ*	*Superlativ*
1.	________	________	am glücklichsten
2.	kurz	________	________
3.	________	höher	________
4.	gut	________	________
5.	________	________	am meisten
6.	________	schrecklicher	________
7.	teuer	________	________
8.	________	älter	________
9.	gern	________	________
10.	________	________	am schnellsten

Der Kommissar geht zu seinem Kollegen. Die beiden wechseln ein paar Worte. Otto nickt.

Der Beamte verschwindet kurz und erscheint dann mit einer jungen Frau wieder. Ihre blonden Haare sind zu einem Zopf zusammengebunden. Ihre Augen funkeln. Der Polizist schiebt sie in den Verhörraum und schließt die Tür von außen.

„Katja!“, ruft Frau Hauser und springt auf. Sie läuft ihrer Tochter entgegen.

„Alles ist so schrecklich“, jammert sie und streckt die Arme nach Katja aus.

Doch die junge Frau winkt nur ab. „Ich weiß“, sagt sie und entzieht sich der Umarmung ihrer Mutter. Entgeistert schaut Frau Hauser sie an.

„Das nenne ich eine glückliche Familienzusammenführung“, kommentiert Otto die Szene.

„Wie können Sie so etwas sagen, wenn mein Vater gerade ermordet wurde“, schimpft Katja. „Und warum bin ich überhaupt hier? Ich habe einen vollen Stundenplan und möchte mich ordentlich auf meine Prüfungen vorbereiten.“
„Wie können Sie an Prüfungen denken, wenn Sie gerade Ihren Vater verloren haben?“, kontert Otto in scharfem Ton.
Frau Hauser starrt die beiden sprachlos an.
Sandra springt schnell ein. Wieder einmal muss sie die Situation entschärfen. „Bitte, setzen Sie sich doch“, sagt sie möglichst freundlich. Die beiden Frauen nehmen am Tisch Platz. Dabei fällt Katjas Blick auf das Foto des Täters. Für einen Moment hält sie den Atem an. Otto hat ihre Reaktion bemerkt.
„Sie kennen den Mann?“, fragt er die junge Frau.
„Nein … ja. Ich meine, ich kannte ihn. Er heißt Marko, glaube ich.

ÜBUNG 11 !

Übung 11: In den folgenden beiden Absätzen stehen sieben Verben an der falschen Stelle. Setzen Sie sie an die richtige!

Den Nachnamen ich nicht weiß. Er hat studiert wie ich Philosophie. Doch nach zwei Semestern ist er nicht mehr aufgetaucht. Einige Studenten haben behauptet, er sei gekommen ins Gefängnis. Wegen Drogenmissbrauchs oder so. Keiner hat ihn wiedergesehen. Wieso hier liegt ein Foto von ihm?“
„Marko Wiebald in dringendem Tatverdacht steht, Ihren Vater erstochen zu haben. Wir konnten seine DNA-Spuren an der Kleidung Ihres Vaters finden“, antwortet der Kommissar. „Aber das noch nicht alles ist. Marko Wiebald stand heute Morgen vor der Villa Ihrer Eltern und hat gefragt nach Ihnen.“

Frau Hauser legt eine Hand auf den Arm ihrer Tochter. Katja schweigt und sieht das Foto an.

„Können Sie uns das erklären?“, fragt Otto nach.
Katja räuspert sich. „Wie soll ich Ihnen das erklären? Vielleicht hat er an den Papieren meines Vaters erkannt, dass ich seine Tochter bin. Vielleicht hat er sich an mich erinnert und wollte sich entschuldigen. Was weiß ich …“
„Das klingt doch ziemlich lächerlich. Und es wäre ein sehr großer Zufall, dass die beiden Männer ausgerechnet zur selben Uhrzeit in derselben U-Bahn-Station zusammentreffen. Zumal es ungewöhnlich ist, dass Ihr Vater überhaupt die U-Bahn benutzte. Wo ist eigentlich sein Wagen?“
Katja wirft einen unsicheren Blick zu ihrer Mutter.
„Das Auto ist in der Werkstatt. Ich hatte gestern Nacht einen kleinen Unfall …“
„Was?!“ Frau Hauser nimmt die Hand vom Arm ihrer Tochter. „Und du hast nichts gesagt?“
„Doch, ich habe Papa gleich angerufen. Es muss kurz vor eins gewesen sein. Er war ziemlich böse und wollte unbedingt zur Unfallstelle kommen. Ich habe ihm gesagt, dass sei nicht nötig. Aber er hat mir nicht zugehört. Er hat mich nur nach der nächsten U-Bahn-Station gefragt. Die habe ich ihm dann genannt. Obwohl er so wütend war, wollte er keinen unnötigen Cent für ein Taxi ausgeben, dieser Geizhals.“
„Aber Katja!“, ermahnt ihre Mutter sie.
Jetzt mischt sich Sandra ein. „Welche U-Bahn-Station haben sie ihm denn genannt?“, fragt sie.
„Leopoldplatz“, antwortet Katja kurz.
„Nun, das lässt sich leicht überprüfen. Sie haben doch sicher auch die Polizei informiert?“, hakt Otto nach.
Die junge Frau senkt den Kopf. „Es waren ja keine anderen Personen beteiligt“, sagt sie leise. „Und Papa kam ewig nicht. Deshalb bin ich mit dem Wagen nach Hause gefahren und habe ihn am

nächsten Morgen noch vor der Vorlesung in die Werkstatt gebracht.“

„Moment mal“, unterbricht Otto sie. „Was für ein Unfall war das denn eigentlich?“

„Ich bin gegen irgendeinen Laternenmast gefahren. Ich habe die Kontrolle verloren. Es war schon spät und ich war auf dem Weg zur Klinik. Ich sollte den Wagen doch dort abstellen.“

„Lassen Sie mich das noch einmal zusammenfassen.“ Otto steht auf und stemmt die Arme in die Hüften. Sandra seufzt.

‚Jetzt kann sich Katja auf einen ernsten Vortrag gefasst machen‘, denkt sie.

Otto fährt fort: „Sie leihen sich am Mittwoch den Wagen Ihres Vaters. Die Gründe haben wir noch gar nicht besprochen. Am Donnerstag wollen Sie den Wagen mitten in der Nacht zurück zur Klinik bringen. Doch Sie haben einen Unfall. Sie rufen Ihren Vater an. Er will mit der U-Bahn zu Ihnen kommen. Doch er kommt nie an der Unfallstelle an. Stattdessen wird er von Marko Wiebald in dem von Ihnen genannten U-Bahnhof erstochen. Kommt Ihnen das alles nicht sehr verdächtig vor?“

„Nein, das kommt mir nicht verdächtig vor“, schreit Katja Otto an. „Was kann ich dafür, dass mein geiziger Vater nicht mit dem Taxi fahren wollte. Hätte ich mir den blöden Wagen doch nur nicht von ihm geborgt. Aber ich bin in dieser Woche umgezogen. Aus meiner ätzenden Wohngemeinschaft zu meinem neuen Freund.“

Frau Hauser klappt den Mund auf.

„Endlich habe ich jemanden gefunden, der mich mit offenen Armen empfängt und mir nicht ständig Vorhaltungen über Geld macht. Ich war froh, dass mein toller Vater letzte Nacht nicht gekommen ist. Ich konnte doch nicht ahnen …“

Katja bricht auf dem Stuhl zusammen. Sie weint.

„Mein armes Kind“, schluchzt ihre Mutter.

Übung 12: Unterstreichen Sie in den folgenden beiden Absätzen die Wörter, deren Anfangsbuchstaben großgeschrieben werden!

otto steht wie versteinert vor dem tisch. sandra will ihn zurückhalten. doch schon setzt er zum sprechen an: „sie müssen verstehen, dass wir trotz ihrer familiären situation unsere arbeit machen müssen. ich brauche die kontaktdaten der autowerkstatt. und schreiben sie mir bitte auch gleich ihre neue adresse und den namen ihres freundes auf. dann können sie und ihre mutter gehen. halten sie sich aber für weitere befragungen auch weiterhin in berlin auf."
otto schiebt der jungen frau einen stift und seinen notizblock zu. frau hauser muss ihre tochter erst beruhigen. nach ein paar minuten schnieft katja nur noch und kritzelt den namen und die adresse der werkstatt und ihre neue anschrift auf das blatt.

„Warum hast du Katja Hauser gehen lassen?", fragt Sandra. Sie sitzt mit Otto in seinem Büro. „Du hast sie nicht mal nach Drogen gefragt."
„Weil wir ihr nicht beweisen können, dass sie ihren Vater bewusst zu der U-Bahn-Station gelockt hat."
„Aber alles deutet darauf hin. Wir können sogar eine Verbindung zum Täter herstellen."
„Aber das reicht nicht. Das sind alles nur Indizien. Wir können nur Marko Wiebald anhand der DNA-Spuren sicher überführen. Aber der Kerl konnte bisher nicht aufgegriffen werden. Kaum zu glauben, dass er uns heute Morgen über den Weg gelaufen ist." Otto lehnt sich in seinem Schreibtischstuhl zurück.
„Und ganz schön dreist. Welcher Täter sucht nach dem Mord das Haus des Opfers auf?", überlegt Sandra.
„Genau das ist der Punkt. Katja Hauser wird mit Sicherheit Kontakt zum Täter aufnehmen und ihn zur Rede stellen. Falls unsere

Vermutungen stimmen. Wir müssen sie also nur beobachten. Dann können wir sie vielleicht schnappen. Ich habe Hackmeier auf sie angesetzt. Er wird mich über jeden ihrer Schritte informieren."
„Oh, Hacki. Da wird Katja Hauser sich nicht verstecken können."
Otto holt seinen Notizblock aus der Jackentasche. Erst jetzt liest er sich die Angaben der jungen Frau durch.
„Sie hat den Namen ihres Freundes vergessen. Und die Telefonnummer der Autowerkstatt steht hier auch nicht. Alles muss man selbst machen."
Otto greift zum Telefonhörer. Prompt klingelt der Apparat.
„Kommissar Otto", meldet er sich. Er hört wortlos zu. „Das Virchow-Klinikum?", wiederholt er dann. „Wir kommen sofort!" Otto legt auf.
Sandra sieht ihn fragend an.
„Du wirst es nicht glauben. Der Sicherheitsdienst des Virchow-Klinikums hat soeben einen Randalierer gemeldet. Der Mann heißt Marko Wiebald. Wir haben den Täter!"

Diesmal fährt Otto direkt auf das Klinikgelände. Er parkt vor dem Gebäude der Unfallchirurgie. Ein Dienstwagen mit zwei Polizisten hält hinter seinem Fahrzeug.
Mit großen Schritten geht Otto in das Klinikgebäude hinein. Sandra und die beiden Kollegen folgen ihm eilig.
Ein Mitarbeiter des Sicherheitsdienstes erwartet die Beamten bereits. Mit wenigen Worten schildert er den Sachverhalt.
Offenbar hatte Wiebald nach einem Arzt gesucht. Er war ziemlich aufgeregt. Doch er konnte den Namen des Arztes nicht nennen. Stattdessen rief er immer wieder nach Dr. Hauser. Inzwischen wusste jeder Mitarbeiter über den Mord an Dr. Hauser Bescheid. Aus diesem Grund hatten wahrscheinlich auch ein paar Pfleger überreagiert. Es war zu Handgreiflichkeiten gekommen. Erst der Sicherheitsdienst konnte die Situation entschärfen.

Übung 13: Lesen Sie weiter und ordnen Sie die Buchstaben in den Klammern zu sinnvollen Wörtern!

Der Sicherheitsbeamte öffnet eine Tür. In der Ecke des Zimmers hockt Wiebald auf einem (1. luhSt) ________. Sein Blick ist leer. An der Wand steht ein kräftiger Mann. Seine Uniform weist ihn als (2. iatbieMtrer) ________________ des Sicherheitsdienstes aus.
„Lassen Sie mich bitte mit ihm allein“, sagt Otto. Er gibt Sandra und den beiden anderen Kollegen ein Zeichen, ebenfalls draußen zu warten.
Dann betritt er den (3. umaR) ________. „Kriminalkommissar Stefan Otto“, stellt er sich vor. „Sie sind Marko Wiebald?“
Der junge Mann mit dem blauen Auge hebt den Kopf. „Sie können mich festnehmen“, sagt er schwach. „Ich habe einen Mord begangen.“
Otto geht auf den Mann zu. „Das wissen wir bereits.“
„Oh Gott“, stöhnt Wiebald. „Ich habe einen großen (4. rehFel) ________ gemacht.“
Er dreht seinen Kopf weg.
„Für diesen Fehler werden Sie sich auch vor Gericht vera[illegible]rten müssen. Die (5. geFar) ______ ist nur, warum Sie die Tat begangen haben. Und warum Sie jetzt hier sind.“ Ottos Stimme klingt ruhig.
„Dieses Schwein hat mich ausgenutzt. (6. etdeMemkain) ________________ wurden mir versprochen. Und Geld. Dafür habe ich jemanden ermordet!“
„Wer hat Ihnen das versprochen?“, hakt Otto nach. „Und wofür hat man Ihnen das versprochen?“ Otto will es wissen. Er ist ganz nah dran. Mit der (7. susageA) ________ des Täters kann er den Fall lösen.
„Ich sollte dem Alten auflauern. Ich hatte ein (8. serseM) ________.“

„Woher hatten Sie das Messer, verdammt noch mal?“ Jetzt kann Otto sich kaum noch beherrschen.
Wiebald sieht ihn mit weit aufgerissenen Augen an. „Kein Name. Ich kenne keinen Namen“, stottert er. „Ich habe zugestochen. Immer wieder.“
„War es Katja Hauser? Hat Katja Hauser Ihnen den Auftrag gegeben, ihren Vater zu ermorden?“
„Ihren Vater? Wieso ihren Vater? Er arbeitet hier in der Klinik.“ Wiebalds Augen wandern unruhig hin und her.
„Wen meinen Sie?“
„Den Arzt. Diesen verdammten Arzt. Ich will ihn sehen“, schreit Wiebald.
„Jetzt beruhigen Sie sich doch. Das Opfer heißt Dr. Manfred Hauser. Den Namen haben Sie vorhin gerufen. Seine Tochter heißt Katja Hauser. Sie hat Ihnen den Auftrag für den Mord gegeben, oder? Deshalb standen Sie heute Morgen auch vor der Villa der Hausers in Zehlendorf, habe ich recht?“
„Ich weiß es nicht. Ich habe jemanden ermordet. Sie müssen mich einsperren.“
Otto reißt die Tür auf. „Der Mann ist völlig verwirrt“, schimpft er. „Nehmen Sie ihn fest.“
Wütend geht er an Sandra vorbei. „Wir nehmen uns jetzt Katja Hauser vor. Ich rufe Hackmeier an. Er soll uns sagen, wo sie sich zurzeit aufhält.“
Schon hat Otto sein Mobiltelefon am Ohr.
Sandra folgt ihm. Sie sagt kein Wort. Stefan ist so ein guter Ermittler, denkt sie. Wenn nur nicht immer sein Temperament mit ihm durchgehen würde.

Übung 14: Setzen Sie die Verben in Klammern in die korrekte Präsensform!

Otto (1. drücken) ________ mehrmals heftig auf den Klingelknopf. Er und Sandra stehen vor der neuen Wohnung von Katja Hauser. Hier hat ihr Kollege die junge Frau vor einer Stunde hineingehen sehen. Seitdem ist sie nicht wieder aufgetaucht.
„Aufmachen! Kriminalpolizei!“, (2. brüllen) ________ Otto. Er hämmert mit der Faust gegen die Tür. Drinnen (3. regen) ________ sich nichts.
„Wir brechen die Tür auf“, entscheidet der Kommissar.
„Sollten wir nicht erst Verstärkung anfordern?“, fragt Sandra.
„Wozu? Wir haben es nicht mit einer Verbrecherbande zu tun.“ Otto stemmt sich gegen die Tür.
„So leicht (4. kommen) ________ du nicht in die Wohnung hinein. Lass mich das versuchen.“ Sandra kramt in ihrer Tasche und holt ihr Portemonnaie heraus. Sie (5. nehmen) ________ die Kundenkarte ihres Lieblingsshops heraus und schiebt sie in die Ritze des Türrahmens. Langsam (6. führen) ________ sie die Karte in Richtung Schloss. Es klickt. Die Tür springt auf.
Otto drückt die Tür ganz auf. „Frau Hauser?“, ruft er in die Wohnung hinein. Es bleibt still.
Otto geht durch alle Zimmer. „Das (7. geben) ________ es doch nicht“, ärgert er sich.
„Vielleicht ist sie über den Hinterhof abgehauen“, überlegt Sandra.
„Hacki hat diesmal wohl nicht richtig aufgepasst.“
Der Kommissar drängt sich an Sandra vorbei. Er rennt aus der Wohnung und die Stufen des Treppenhauses hinunter. Auf der Straße geht er direkt auf einen dunklen Wagen zu. Er (8. reißen) ________ die Tür auf.

„Das nennst du beschatten, Hackmeier?“, ruft er zornig. „Wir sind so nah dran!“ Er hält Daumen und Zeigefinger dicht übereinander. „Nur Katja Hauser ist verschwunden!“
Verwundert steigt der Polizist aus dem Auto aus. „Sie ist vorhin reingegangen und nicht wieder rausgekommen.“ Hackmeier zuckt mit den Schultern.
„Hast du auch mal an einen Hinterausgang gedacht?“ Otto fasst sich an den Kopf und geht vor seinem Kollegen auf und ab.
„Mensch, Otto. Du weißt doch, dass ich mich sehr gut in Berlin auskenne. In dieser Straße gibt es keine Hinterausgänge. Nur Hinterhöfe. Vielleicht ist sie bei Nachbarn. Oder im Keller. Oder sie bringt den Müll raus.“
Otto atmet tief durch. Da hört er Stimmen hinter sich. Er dreht sich um. Sandra kommt ihm mit Katja Hauser entgegen. Otto lässt Hackmeier einfach stehen.
„Sofort mitkommen“, sagt er laut. Er führt die beiden Frauen zu seinem Wagen. Er will gar nicht wissen, wo Sandra die Studentin gefunden hat.

„Du machst Fehler, wenn du dich nicht unter Kontrolle hast“, sagt Sandra. Sie schließt die Tür zu Ottos Büro hinter sich.
Otto lässt sich in seinen Schreibtischstuhl fallen. „Ich weiß“, gibt er zu.
„Und du übersiehst wichtige Details“, fügt sie hinzu. „Dabei ist deine Beobachtungsgabe eine deiner Stärken.“
„Ja, ja, das weiß ich auch. Dafür habe ich ja dich. Was habe ich denn so Wichtiges übersehen?“
„Katja Hausers neuer Freund ist Dr. Jacob Stein.“ Sandra wartet Stefans Reaktion ab.
„Dieser Assistenzarzt?“ Otto traut seinen Ohren nicht. „Und warum haben wir seinen Namen nicht an der Klingel gelesen?“

„Weil sein Name überklebt war. Ich habe mich gewundert, warum nur Hauser an der Klingel stand. Schließlich ist Katja Hauser zu ihrem Freund gezogen. Doch du bist einfach losgerannt. Da habe ich das Schild an der Klingel selbst untersucht und den Namen des Assistenzarztes gefunden. Ich vermute, er ist untergetaucht. Wahrscheinlich hat Katja ihm gesagt, dass wir sie bereits mit dem Täter in Verbindung bringen konnten. Damit haben die beiden bestimmt nicht gerechnet. Zumindest nicht so schnell. Außerdem muss Marko Wiebald wegen Dr. Stein in der Klinik gewesen sein. Nicht wegen Dr. Hauser. Höchstwahrscheinlich kennt Wiebald nur nicht den Namen des Assistenzarztes."

Otto sammelt seine Gedanken. „Das ergibt Sinn", überlegt er laut. Er telefoniert und gibt den Namen und die Beschreibung des Assistenzarztes durch.

„Katja Hauser hat das Ganze also nicht allein geplant. Aber Stein geht uns auch noch ins Netz. Lass uns jetzt im Verhörraum weitermachen. Wenn ich dir ein Zeichen gebe, holst du Marko Wiebald dazu."

Entschlossen steht Otto auf.

„In Ordnung", antwortet Sandra.

Gemeinsam laufen sie über den Flur zum Verhörraum.

„Aber bitte bleib ruhig", ermahnt Sandra ihren Kollegen. Dann betreten sie das Zimmer.

Katja Hauser sitzt an dem großen Tisch in der Mitte des Raumes. Sie sieht den beiden Kriminalbeamten feindselig entgegen.

„Nun, Frau Hauser", beginnt Otto langsam. „Ich erzähle Ihnen jetzt aus meiner Sicht, wie sich alles zugetragen hat. Sie hören mir aufmerksam zu. Sollten Sie am Ende etwas ergänzen wollen, können Sie das natürlich gern tun."

Otto setzt sich auf die Kante des Tisches. „In der Klinik Ihres Vaters lernen Sie einen netten Assistenzarzt kennen. Sie verlieben sich in ihn. Schnell entdecken Sie eine Gemeinsamkeit: Ihre Abneigung gegen Dr. Hauser, Ihren Vater. Zufällig läuft Ihnen Marko Wiebald über den Weg. Er ist drogenabhängig und braucht ständig Geld. Der ideale Partner, wenn man jemanden loswerden will, ohne sich selbst die Finger schmutzig zu machen. Leider haben Sie die Unberechenbarkeit eines Drogenkranken nicht bedacht. Was immer Sie ihm für die Tat versprochen haben, er wollte es gleich am nächsten Morgen einfordern."

Katja Hauser regt sich nicht. Ihr Gesichtsausdruck hat sich nicht verändert.

„Vielleicht sollten wir Ihnen ein wenig auf die Sprünge helfen", bietet Otto an. Er gibt Sandra das Zeichen, den Täter zu holen.

ÜBUNG 15 !

Übung 15: Ergänzen Sie die Fragewörter!

1. __________ steht an der Klingel? Der Name.
2. __________ kennt Wiebald? Den Assistenzarzt.
3. __________ sammelt Otto? Seine Gedanken.
4. __________ laufen sie? Zum Verhörraum
5. __________ hat das Ganze nicht allein geplant? Katja Hauser.
6. __________ sieht Katja den beiden entgegen? Feindselig.
7. __________ sitzt Otto? Auf der Tischkante.
8. __________ hat der Arzt ein Messer gegeben? Wiebald.

Für kurze Zeit herrscht Schweigen im Verhörraum. Dann betritt Sandra mit Marko Wiebald das Zimmer.

Katja Hausers Augen weiten sich. Unerwartet springt sie auf und macht einen Satz auf Wiebald zu. „Du Mörder!", kreischt sie. Dabei schlägt sie mit ihren Fäusten auf den völlig überrumpelten Mann ein. Otto geht sofort dazwischen. Er zieht die verzweifelte Frau von Wiebald weg.

„Du Mörder!“, schreit sie immer wieder. „Du solltest ihm einen Schreck einjagen. Eine Lektion erteilen! Er sollte nicht immer nur an sein Geld denken, sondern auch mal an mich!“
Jetzt ist auch Otto überrascht. War diese Reaktion nur gespielt? Oder hatte Katja Hauser den Mord an ihrem Vater gar nicht gewollt?
„Aber er hat mir ein Messer gegeben. Ich sollte es benutzen“, stammelt Wiebald. „Ich wollte das nicht. Doch dann ging alles so schnell. Ich habe zugestochen ...“ Tränen laufen dem jungen Mann über die Wangen.
Katja starrt ins Leere. „Jacob ...“, flüstert sie. „Du hast es also doch getan. Du wolltest ihn loswerden ... endgültig ...“
„Moment mal“, wendet sich Otto an Wiebald. „Von wem hatten Sie das Messer und den Auftrag für den Mord?“
„Von dem Arzt ...“, schluchzt Wiebald. Er zittert am ganzen Körper.
Otto fährt sich mit der linken Hand durch die Haare. „Dr. Jacob Stein“, sagt er. „Ich vermute, Sie haben den Autounfall nur vorgetäuscht, Frau Hauser. Sie wussten, dass Ihr Vater niemals ein Taxi nehmen würde. Damit haben Sie sich mitschuldig gemacht.“
„Aber er sollte doch nicht sterben ... Was habe ich getan?“ Kraftlos lehnt sich Katja an die Wand. Sie hält sich die Hände vor das Gesicht.
Da klopft es an der Tür. Sandra geht hinaus.
„Sie haben ihn“, meldet sie kurz darauf. „Dr. Stein wollte wohl verreisen. Er hat es aber nur bis zum Flughafen Tegel geschafft.“

Mord Unter den Linden

Kriminalkommissar Stefan Otto geht um das zerwühlte Bett herum. Eine junge Frau liegt dort mit ausgebreiteten Armen auf dem Rücken. Sie trägt schwarze Spitzenunterwäsche. Ihre langen braunen Haare breiten sich über das Laken aus. Ihr Gesicht wirkt, als würde sie friedlich schlafen. Doch ihr Tod muss schrecklich gewesen sein. Sie wurde vermutlich mit einem Kissen erstickt. An dem weißen Kissenbezug sind Spuren ihrer Wimperntusche und roter Lippenstift zu sehen. Reinecke von der Spurensicherung macht Fotos.
Otto fährt sich mit der linken Hand durch seine kurzen Haare. Er ist zum ersten Mal im *Hofhotel*. Das Hotel zählt zu den vornehmsten Häusern in ganz Berlin. Die Adresse *Unter den Linden* ist weit über die Landesgrenzen hinaus bekannt.

Übung 1: Bekommt das Adjektiv eine Endung? Wenn ja, ergänzen Sie!

1. Der Mann starrt mit groß_____ Augen auf die Leiche.
2. Er trägt einen blau_____ Anzug.
3. Die Lippenstiftspuren auf dem Kissen sind rot_____.
4. Das zerwühlt_____ Bett interessiert Otto.
5. Die Adresse des Hotels ist bekannt_____.
6. Der Gast ist ein deutsch_____ Geschäftsmann.
7. Die Haare des Opfers sind lang_____ und braun_____.
8. Wir bitten Sie um absolut_____ Verschwiegenheit.

Der Blick des Kommissars wandert zum Nachttisch neben dem Bett. Dort liegen drei Hunderteuroscheine.
„Ich frage an der Rezeption nach, wer das Zimmer gebucht hat“, schlägt Sandra vor. Sie betrachtet das Geld. „Das Opfer hat ziemlich teure Liebesdienste verkauft.“

„Diesmal hat sie selbst teuer dafür bezahlt“, erwidert Otto.
Sandra nickt bedauernd. Sie verlässt das Schlafzimmer. Sie will im Wohnraum der Luxussuite mit der Rezeption telefonieren. Doch sie kommt nicht dazu. Die Tür der Suite fliegt auf und ein aufgeregter Mann stürmt herein. Er trägt einen teuren blauen Anzug. Sein dunkles Haar ist streng nach hinten gekämmt und glänzt unnatürlich.
„Ich bitte Sie um absolute Verschwiegenheit, meine Damen und Herren“, ruft der Mann in den Wohnraum hinein. „Unser Hotel gehört zu den besten Adressen in Berlin …“ Er bleibt in der Tür zum Schlafzimmer stehen. Mit großen Augen starrt er auf die Leiche.
„Was für eine Skandal!“, presst er hervor.
Otto geht auf den Mann zu. „Stefan Otto ist mein Name, Kriminalkommissar, Landeskriminalamt Berlin. Ich leite die Ermittlungen in diesem Fall. Darf ich fragen, wer Sie sind?“
„Hubert Jaschke, stellvertretender Hoteldirektor. Ich darf doch davon ausgehen, dass Sie keine Informationen an die Presse weitergeben, Herr Kommissar?“
„Ich bin kein Pressemensch, Herr Jaschke. Meine Kollegen und ich wollen den Mord nur so schnell wie möglich aufklären. Das wird sicher auch Ihre Gäste freuen. Die Medien brauchen wir dazu bestimmt nicht.“ Otto führt den Mann in den Wohnraum zurück.
„Sehr gut“, antwortet der stellvertretende Hoteldirektor. Er reicht Otto ein Blatt Papier. „Herr Bode ist ein deutscher Geschäftsmann und ein sehr gern gesehener Gast in unserem Haus. Wenn er in Berlin zu tun hat, mietet er sich immer bei uns ein.“
Otto überfliegt das Blatt. Es ist eine Buchungsbestätigung mit Datum und Uhrzeiten. Die Daten zeigen genau an, wann der Hotelgast angekommen ist und wann er wieder ausgecheckt hat. Der Kommissar liest auch den Preis für die Übernachtung in der Suite. Ungläubig schüttelt er den Kopf. „Dieser Mann muss ja sehr erfolg-

reiche Geschäfte führen", sagt er. „Wissen Sie, wo wir ihn jetzt finden können?"
„Er hat ziemlich früh ausgecheckt. Wahrscheinlich sitzt er schon wieder in einem Flugzeug nach London oder New York."

ÜBUNG 2 !

Übung 2: Setzen Sie ein: ***nicht, nichts, kein****!*

1. Der Kommissar ist __________ Pressemensch.
2. Er hat das Opfer __________ auf der Straße getroffen.
3. Er hat sich __________ an der Rezeption gemeldet.
4. Das Hotel ist __________ Stundenhotel.
5. Davon ist __________ Rede.
6. Sie haben ________ damit zu tun.
7. Das Personal soll _________ vor Dienstschluss befragt werden.
8. Die Öffentlichkeit soll __________ erfahren.

„Das lässt sich schnell prüfen." Otto dreht sich zu Sandra um. „Jemand im LKA soll sich sofort darum kümmern. Vielleicht erwischen wir ihn noch auf einem der Flughäfen." Dann wendet sich Otto wieder Herrn Jaschke zu. „War es üblich, dass Herr Bode Frauen mit auf sein Zimmer nahm?", fragt er direkt.
„Wir sind immer darum bemüht, die Privatsphäre unserer Gäste zu achten", weicht der leitende Hotelangestellte der Frage aus.
„Sie wissen also nicht, wie viele Prostituierte hier täglich ein- und ausgehen", entgegnet Otto.
„Ich bitte Sie, Herr Kommissar. Wir sind kein Stundenhotel!" Jaschke ist empört.
„Davon kann auch keine Rede sein. Die Geldscheine auf dem Nachttisch und die Zimmerpreise heben sich davon deutlich ab. Sie oder Ihre Angestellten haben also nichts mit den nächtlichen Vergnügungen der Gäste zu tun?"

„Was meinen Sie damit?“, fragt Jaschke erschrocken.
„Diese Art von Frauen trifft man nicht zufällig auf der Straße. Das Opfer war mit Sicherheit eine Edelprostituierte. Die werden meistens über Agenturen gebucht. Vielleicht hat Herr Bode bei einem Ihrer Angestellten um so eine Bestellung gebeten?“
Jaschke schüttelt energisch den Kopf. „Unser Personal erfüllt den Gästen möglichst jeden Wunsch. Dafür verlangen wir auch einen angemessenen Preis. Vergnügungen dieser Art vermitteln wir jedoch nicht.“
„Trotzdem, Herr Jaschke. Wir müssen das gesamte Personal befragen. Außerdem benötige ich eine Liste von allen Angestellten, die gestern und heute Nacht Dienst hatten.“

Übung 3: Lesen Sie weiter und setzen Sie die Wörter aus der Klammer an der passenden Stelle ein! ***(Worten, Dienstschluss, Erstes, Verfügung, Fall, Zimmermädchen, Befragungen, Tagesgeschäft)***

„Stefan, hier ist jemand, den du bestimmt als 1. ______________ sprechen möchtest.“ Sandra schiebt eine verstörte Frau in das Wohnzimmer der Suite.
„Frau Kirsten ist 2. ______________. Sie hat die Leiche heute Morgen gefunden.“
„Dann widme ich mich jetzt wieder dem 3. ______________“, sagt Jaschke schnell. „Für Fragen stehe ich Ihnen natürlich jederzeit zur 4. ______________. Die Liste bekommen Sie in der nächsten halben Stunde.“
Er wendet sich zum Gehen. Doch er bleibt an der Tür stehen. „Unsere Gäste dürfen auf keinen 5. ______________ gestört werden. Bitte befragen Sie das Personal unauffällig und erst nach 6. __________________. Ich lasse Ihnen auch dazu eine Liste anfertigen. Dann haben Sie alle Namen mit den entsprechenden

Aufgabengebieten. Außerdem werde ich alle Angestellten informieren und Ihnen einen unserer Konferenzräume für die 7. _____________ zur Verfügung stellen. Ich wäre Ihnen dankbar, wenn Sie dafür die Leiche schnell hier wegschaffen."
Mit diesen 8. _____________ dreht sich der stellvertretende Hoteldirektor um und verschwindet aus der Suite.

„Ich möchte wissen, was ihm wichtiger ist: die Leiche loszuwerden oder unsere Ermittlungsarbeit zu unterstützen", meint Sandra.
„Hauptsache, er will die Suite nicht schon morgen wieder vermieten", sagt Otto. „Ich gebe den Tatort erst frei, wenn die Spurensicherung abgeschlossen ist."
„Frau Kirsten, richtig?", wendet er sich dann an das Zimmermädchen. Die kleine Frau nickt wortlos.
„Haben Sie das Opfer schon einmal gesehen?"
Das Zimmermädchen schüttelt den Kopf.
„Aber Sie kennen vielleicht den Gast, der die Suite bewohnt hat?"
Das Zimmermädchen nickt wieder.
„So kommen wir nicht weiter, Frau Kirsten. Sie stehen bestimmt noch unter Schock. Das kann ich gut verstehen. Schließlich haben Sie eine tote Frau gefunden. Aber wir wollen denjenigen fassen, der das getan hat. Dazu brauchen wir Informationen. Helfen Sie uns?"
Die Hotelangestellte öffnet langsam den Mund. „Herr Bode war stets sehr freundlich", sagt sie leise. „Er hat immer diese Suite gebucht. An den Abreisetagen lagen meistens ein paar Euro für mich auf dem Tisch."
„Haben Sie beim Aufräumen schon einmal bemerkt, dass er Damenbesuch hatte?", hakt Otto nach.
„Ich musste oft mehrere Champagnergläser mit Lippenstifträndern wegräumen. Manchmal waren Flecken auf dem Laken …" Sie senkt den Kopf.

„Herr Bode hat seine Aufenthalte in Berlin also nicht nur geschäftlich genutzt", schlussfolgert Otto. „Ist Ihnen sonst etwas Verdächtiges aufgefallen?"

Frau Kirsten schüttelt wieder den Kopf.

In diesem Moment klingelt Ottos Mobiltelefon. Er gibt Sandra ein Zeichen. Sie soll das Zimmermädchen gehen lassen. Dann nimmt er das Gespräch an.

„Ich bin gespannt, was uns dieser Geschäftsmann zu erzählen hat", sagt Otto. Er sitzt mit Sandra in seinem Auto. Sie fahren zum Landeskriminalamt. Herr Bode wollte tatsächlich nach New York fliegen. Er wurde am Flughafen Schönefeld von Polizisten aufgegriffen. Doch Otto muss zuerst die Befragung des Hotelpersonals und die Spurensicherung am Tatort organisieren. Über die Freisprechanlage in seinem Wagen gibt er die nötigen Anweisungen weiter.

„Die Leiche muss noch heute in der Gerichtsmedizin untersucht werden. Ich will die genaue Todesursache und den Todeszeitpunkt wissen. Und lassen Sie das Zimmer versiegeln. Alle Spuren müssen sorgfältig untersucht werden. Schicken Sie zwei Beamte zum Hotel. Sie sollen sich bei Herrn Jaschke, dem stellvertretenden Hoteldirektor, melden und sich die Listen geben lassen. Die Befragung der Angestellten sollen sie vor Ort durchführen."

Nach weiteren knappen Worten trennt Otto die Verbindung.

„Du bist mal wieder ganz in deinem Element", bemerkt Sandra. Sie sieht Stefan von der Seite an.

„Unser verehrter Chef hat mir auch nicht umsonst den Fall übertragen", antwortet Otto. „Er ist mit dem Hoteldirektor des *Hofhotels* befreundet. Die Auflösung des Mordfalls hat jetzt absoluten Vorrang."

„Ich glaube es nicht. Kriminalhauptkommissar Peters kennt den Hoteldirektor eines der teuersten Hotels in Berlin? Das hätte ich eher unserem Polizeipräsidenten zugetraut", sagt Sandra staunend.

„Du kennst doch Peters. Der mischt überall mit. Jedenfalls ist sein Freund zurzeit irgendwo im Ausland unterwegs. Peters hat ihn aber schon informiert. Wahrscheinlich kommt er morgen nach Berlin. Bis dahin sollten wir erste Ermittlungserfolge vorlegen."

„Bis dahin hast du den Fall bestimmt gelöst. Der mutmaßliche Täter sitzt doch bereits im LKA", erwidert Sandra.

„Das werden wir gleich herausfinden."

Otto fährt auf das Gelände hinter dem Dienstgebäude der Abteilung 1 des Landeskriminalamts. Kurz darauf betreten er und Sandra einen Verhörraum.

„Sollten wir nicht Peters Bescheid sagen?", flüstert Sandra Otto zu. Der Kommissar winkt ab.

ÜBUNG 4 !

Übung 4: Welche Wörter gehören zusammen? Ergänzen Sie auch die Artikel!

1. ____ Zimmer	a. ____ Hafen	____ __________
2. ____ Champagner	b. ____ Block	____ __________
3. ____ Polizei	c. ____ Fall	____ __________
4. ____ Mord	d. ____ Mädchen	____ __________
5. ____ Flug	e. ____ Gebäude	____ __________
6. ____ Hotel	f. ____ Glas	____ __________
7. ____ Dienst	g. ____ Beamtin	____ __________
8. ____ Notiz	h. ____ Direktor	____ __________

Ein älterer Mann mit Halbglatze sitzt am Tisch vor der Spiegelwand. Ein Polizeibeamter in Uniform steht in der Ecke. Er nickt seinen Kollegen zu und verlässt das Zimmer.

„Guten Tag, Herr Bode", begrüßt der Kommissar den Geschäftsmann. „Stefan Otto, Kriminalkommissar. Das ist meine Kollegin Sandra Kling."

„Was wollen Sie von mir?", fragt Bode kurz. „Ich habe einen wichtigen Termin in New York. Wenn ich den nächsten Flieger nicht nehmen kann, kostet mich das eine Menge Geld."
Otto nimmt dem Mann gegenüber Platz. Er legt seinen Notizblock und einen Stift vor sich hin. „Wir möchten Sie nur ungern von Ihren wichtigen Geschäften abhalten, Herr Bode. Aber in Ihrem Hotelzimmer wurde eine Leiche gefunden. Eine junge Frau mit braunen Haaren. Sie lag nur mit Unterwäsche bekleidet im Bett. Sie wurde vermutlich erstickt." Otto macht eine Pause. Er wartet die Reaktion des Mannes ab.
Bode starrt ihn fassungslos an. „Wovon reden Sie da?", fragt er.
„Ich rede von einer Ihrer nächtlichen Begleiterinnen. Vermutlich haben Sie die junge Frau als Letzter lebend gesehen."
„Das muss ich mir nicht anhören. Ich rufe jetzt meinen Anwalt in Hamburg an. Sie dürfen mich nicht hier festhalten. Und ich muss Ihnen auch keine Fragen beantworten." Der Geschäftsmann ist sehr aufgeregt. Er kramt in der Innentasche seines Jacketts.
„Beruhigen Sie sich, Herr Bode", sagt Otto. „Sie dürfen natürlich gern Ihren Anwalt anrufen. Doch damit verlieren Sie nur noch mehr Zeit. Lassen Sie uns hier fortfahren. Dann können Sie vielleicht schon in einer halben Stunde wieder gehen."
Sandra traut ihren Ohren nicht. Wie kann Stefan solche Versprechungen machen? Vielleicht war dieser Mann der Täter.
Bode legt sein Mobiltelefon auf den Tisch. „Ich habe nichts mit dem Mord zu tun", sagt er. „Ich habe heute Morgen um sieben Uhr das Hotelzimmer verlassen. Zu diesem Zeitpunkt schlief Nicole noch."
„Die Frau heißt also Nicole. Und wie lautet der Nachname?", fragt Otto.
„Ich habe keine Ahnung. Mir reicht der Vorname und ein hübsches Äußeres. Alles andere ist mir egal. Schließlich will ich nur meinen Spaß haben." Der Geschäftsmann schaut Otto feindselig an.

Übung 5: Setzen Sie das Possessivpronomen in der jeweils richtigen Form ein!

1. Sandra traut (ihr) ________ Ohren nicht.
2. Der Beamte nickt (sein) ________ Kollegin zu.
3. Ich will nur (mein) ________ Spaß haben.
4. (Unser) ________ Gäste dürfen nichts erfahren.
5. Niemand will Sie von (Ihr) ______ wichtigen Geschäften abhalten.
6. Habt ihr schon etwas von (euer) ________ Chef gehört?
7. Kannst du mir (dein) ________ Handy leihen?

„Und wie haben Sie die Frau kennengelernt?"

„Ein Bekannter hat sie mir vermittelt", antwortet Bode kurz.

„Sie müssen schon etwas genauer werden, Herr Bode", drängt Otto.

„Nicole hat bei einer Callgirl-Agentur gearbeitet. Ich kenne den Geschäftsführer. Er heißt Oliver Schenk. Wenn ich in Berlin bin, rufe ich ihn manchmal an. Dann schickt er mir eins seiner Mädchen. Wir verbringen die Nacht zusammen. Ich bezahle sie und sie geht wieder."

„Nur diesmal ist Ihre Begleiterin geblieben. Wieso haben Sie das Opfer in der Suite schlafen lassen?"

„Es ist spät geworden in der letzten Nacht. Wir waren müde und sind eingeschlafen. Am Morgen hatte ich es eilig. Ich wollte die Kleine nicht wecken. Sie hat so tief geschlafen. Ich habe den vereinbarten Betrag auf den Nachttisch gelegt und die Suite verlassen."

„Dann muss also nach Ihnen ein Dritter die Suite betreten haben", überlegt Otto. „Wann hat das Zimmermädchen die Leiche gefunden?", fragt er Sandra.

„So gegen zehn Uhr heute Vormittag", antwortet die Polizistin.

„Wir werden das prüfen, Herr Bode. Dazu brauche ich aber noch die Adresse und Telefonnummer des Geschäftsführers dieser Agentur. Das *Hofhotel* hat uns bereits eine Buchungsbestätigung ausgehändigt. Wir wissen also, dass Sie tatsächlich kurz nach sieben Uhr ausgecheckt haben."

Otto schiebt dem Geschäftsmann seinen Notizblock und den Stift zu. Er wartet, bis Bode ihm die nötigen Angaben aufgeschrieben hat. Dann fährt er fort: „Sie können jetzt gern Ihren Anwalt anrufen. Ich schicke Ihnen den Beamten von vorhin wieder rein. Wir sind gleich zurück."

Bode springt entrüstet auf. „Ich habe Ihnen doch alles gesagt!", schimpft er. „Danach wollten Sie mich gehen lassen!"

Otto erhebt sich. Auch Sandra steht auf. „Bevor wir nicht von Ihrer Unschuld überzeugt sind, bleiben Sie hier", sagt der Kriminalkommissar. Er geht zur Tür. Sandra folgt ihm. Sie bringt kein Wort heraus. Sie glaubt, dass Stefan nicht vorschriftsgemäß handelt.

Übung 6: Welche Substantive und Verben gehören zusammen?

1. sich Zeit	a. zurückholen
2. die Tür	b. legen
3. seinen Kopf	c. machen
4. jemanden im Auge	d. verschaffen
5. auf den Boden der Tatsachen	e. hinhalten
6. Dummheiten	f. behalten
7. in Falten	g. schließen
8. kein Wort	h. herausbringen

Sandra schließt die Tür zu Ottos Büro. „Ohne dringenden Tatverdacht kannst du den Mann nicht lange hier festhalten", sagt sie sofort.

„Das weiß ich", antwortet Otto. „Ich wollte uns nur etwas Zeit verschaffen. Ich rufe jetzt in der Gerichtsmedizin an. Wir müssen den Todeszeitpunkt wissen. Das könnte den Geschäftsmann belasten.

Dann holen wir uns einen Haftbefehl. Er kann seinen Anwalt aus Hamburg herkommen lassen und wir verhören ihn nach Vorschrift …"
In diesem Moment wird die Tür zu Ottos Büro aufgestoßen. Kriminalhauptkommissar Wolfgang Peters, der Chef der Abteilung, kommt mit großen Schritten herein.
„Können Sie mir sagen, was hier vorgeht, Otto? In einem der Verhörräume sitzt ein aufgebrachter Geschäftsmann. Er will sich über unsere Dienststelle beschweren und sich an die Presse wenden. Und dabei geht es auch noch um den Mordfall im *Hofhotel*. Sie wissen, wie wichtig die Geheimhaltung in diesem Fall ist. Die Öffentlichkeit soll davon nichts mitbekommen. Ich will sofort eine Erklärung!"
Otto bleibt ganz ruhig. Bei Auseinandersetzungen mit dem Chef hat er seine aufbrausende Art stets unter Kontrolle. Mit ein paar kurzen Sätzen erklärt er Peters den Stand der Ermittlungen und den Grund für sein Vorgehen.
Peters setzt sich auf Ottos Schreibtischstuhl. Er legt die Stirn in Falten. „Seien Sie bloß vorsichtig, Otto. Sie sind einer meiner besten Männer. Aber ich möchte nicht meinen Kopf für Ihre Spielchen hinhalten. Schon gar nicht in diesem Mordfall. Wenn Sie die Ergebnisse aus der Gerichtsmedizin haben, will ich davon umgehend unterrichtet werden." Er schaut zu Sandra hinüber. „Frau Kling, ich verlasse mich auch auf Sie. Behalten Sie Ihren Kollegen im Auge. Und greifen Sie ein, wenn er Dummheiten macht."
Der Kriminalhauptkommissar erhebt sich wieder. Er streicht seine Krawatte glatt. Mit einem knappen Gruß verlässt er Ottos Büro.
„Da hattest du aber Glück", meint Sandra. „Peters hätte dir den Fall auch gleich entziehen können."
„Bis es dazu kommt, muss schon mehr passieren. Du hast doch gehört, was Peters gesagt hat. Ich bin sein bester Mann. Nur wegen eines aufgebrachten Geschäftsmannes wird er nicht meine Ermittlungsarbeit stoppen."

„Du bist einer seiner besten Männer, Stefan. Aber dafür sehr von dir eingenommen."
Stefan lächelt. „Wenn ich dich nicht hätte", sagt er. „Du holst mich immer auf den Boden der Tatsachen zurück." Er greift zum Telefon und wählt die Nummer der Gerichtsmedizin.
Sandra seufzt. Stefan ist wirklich unverbesserlich, denkt sie.

Übung 7: Ordnen Sie die Wörter zu Sätzen!

1. uns – wollte – etwas – ich – nur – verschaffen – Zeit

____

2. dafür – passieren – muss – mehr – schon

____

3. meinen – ich – hinhalten – möchte – Kopf – nicht

____

4. der – nicht – er – sein – kann – Täter – gewesen

____

5. Kommissar – umgehend – will – der – werden – unterrichtet

____

6. beschweren – er – sich – will – unsere – über – Dienststelle

____

Während des Gesprächs kritzelt Otto ein paar Stichpunkte auf seinen Notizblock. „Faxen Sie mir den Bericht ins Büro", sagt er. „Und schicken Sie mir auch ein Foto des Opfers mit." Dann legt er auf.
„Das Opfer wurde tatsächlich mit dem Kissen erstickt. Ihr Tod ist aber nicht vor acht Uhr eingetreten", teilt Otto Sandra mit. „Zu dieser Zeit war Bode bereits am Flughafen. Er kann also nicht der Täter gewesen sein."
Otto telefoniert kurz mit Peters. Dann macht er sich mit Sandra auf den Weg zum Verhörraum.

„Du warst richtig gut!“ Otto sitzt am Lenkrad seines Wagens und wirft Sandra einen anerkennenden Blick zu. „Bode war auf einmal ganz zahm. Er hätte dir bestimmt alles versprochen.“

„Ich habe nur seine Schwäche für Frauen ausgenutzt“, antwortet Sandra. „Schließlich ist es wichtig, dass er sich nicht an die Presse wendet.“

„Das wird er bestimmt nicht tun. Jetzt müssen wir mehr über das Opfer in Erfahrung bringen. Vielleicht gibt es in Nicoles Umfeld jemanden, der ein Motiv hatte. Mal sehen, was uns dieser Oliver Schenk sagen kann.“

Otto parkt vor einem hohen Bürogebäude im Wedding. Verschiedene Firmenschilder sind neben den Klingeln am Eingang angebracht. Otto liest die Namen von Anwälten, Steuerberatern und Versicherungsmaklern. Auch eine Immobilienfirma ist darunter. An der obersten Klingel entdeckt er ein kleines Messingschild. „Ladylike-Agentur Schenk“ steht in geschwungenen Buchstaben darauf.

„Der Name lässt nicht gleich auf eine Callgirl-Agentur schließen“, meint Otto. „Schenk hat bestimmt einen ausgewählten Kundenkreis.“

„Bei dreihundert Euro für eine Nacht ist das auch kein Wunder“, sagt Sandra.

! ÜBUNG 8

Übung 8: Lesen Sie weiter und setzen Sie die Verben aus der Klammer an den richtigen Stellen ein! ***(nehmen, ergreift, öffnet, legt, drückt, tritt, ertönt, verstärken, reicht, begrüßt, sieht)***

Otto 1. ________ auf die Klingel. Eine freundliche Frauenstimme meldet sich.

„Kriminalpolizei“, ruft Otto in die Sprechanlage. „Wir wollen zu Herrn Schenk.“

Der Summer 2. ________ . Mit dem Fahrstuhl fahren Otto und seine Kollegin in das oberste Stockwerk. Eine Glaswand trennt die gesamte Etage vom Treppenhaus. Dahinter kommt eine hübsche blonde Frau auf die Eingangstür zu. Sie 3. ________ den beiden Beamten und bittet sie höflich herein.
„Herr Schenk ist gleich für Sie da. Bitte 4. ________ Sie doch Platz“, sagt sie und deutet auf eine knallrote Sitzgruppe mit Glastisch in der Mitte. Dann geht sie zurück zu einem schwarzen Empfangstresen.
Otto 5. ________ sich im Eingangsbereich der Agentur um. Die schwarz-rote Einrichtung sieht teuer und sehr modern aus. Die Glaswände und Glastüren 6. ________ diesen Eindruck noch.
Durch eine der Glastüren 7. ________ ein junger Mann in einem edlen schwarzen Anzug. Sandra ist von seiner gepflegten Erscheinung beeindruckt. Otto dagegen kommt sich in seinem dunkelgrünen Parka und den Jeans etwas gewöhnlich vor. Auch er 8. ________ Wert auf sein Äußeres. Einen Anzug hat er während der Arbeitszeit aber noch nie getragen.
„Oliver Schenk, guten Tag“, 9. ________ der Mann die Polizisten. Er 10. ________ zuerst Sandra die Hand.
„Sandra Kling, Kriminalpolizei“, 11. ________ die junge Beamtin auch gleich das Wort. „Das ist Kriminalkommissar Stefan Otto.“

Schenk schüttelt auch dem Kommissar die Hand. „Was kann ich für Sie tun?“, fragt er lächelnd.
„Es geht um Nicole, eine Ihrer Prostituierten“, erklärt Otto kurz. Die blonde Frau hinter dem Empfangstresen schaut gespannt auf.
„Wenn Sie mir bitte in mein Büro folgen würden“, sagt der Agentur-Besitzer schnell. „Dort können wir uns in Ruhe unterhalten.“
Er führt Otto und Sandra durch die Glastür. An den Wänden hängen Fotos von schönen Frauen. Wie in einer Model-Agentur, denkt Sandra.

Das Büro des Geschäftsführers ist wie der Empfangsbereich mit schwarzen und roten Möbeln eingerichtet. Sie heben sich stark von den weißen Wänden ab. Die Fenster erstrecken sich über die gesamte linke Seite des großen Zimmers und reichen bis zum Boden. Davor steht ein riesiger schwarzer Schreibtisch. Schenk geht um den Schreibtisch herum und bleibt neben dem Ledersessel stehen. „Setzen Sie sich doch“, sagt er kurz. „Möchten Sie vielleicht etwas trinken?“
„Nein, vielen Dank. Wir möchten Ihnen nur ein paar Fragen zu Nicole stellen“, antwortet Otto. Sandra bemerkt den strengen Ton in Stefans Stimme.
„Nicole … Nun, zunächst einmal bezeichnen wir die Mädchen hier in der Agentur nicht als Prostituierte“, beginnt Schenk.
Doch Otto lässt ihn nicht ausreden. „Es ist unwichtig, wie Sie die Frauen nennen, die für Sie arbeiten. Fakt ist, dass sie für viel Geld ihren Körper an reiche Männer verkaufen. Und eine von ihnen wurde heute Morgen ermordet.“ Er geht langsam auf den Schreibtisch zu. Dabei holt er ein Foto des Opfers aus seiner Tasche und legt es vor Schenk hin.

ÜBUNG 9 !

*Übung 9: **-ig, -isch** oder **-lich**? Machen Sie aus dem Nomen ein Adjektiv!*

1. die Natur	____________	5. die Frage	____________
2. das Weib	____________	6. die Vorsicht	____________
3. das Alphabet	____________	7. das Vertrauen	____________
4. das Herz	____________	8. der Spaß	____________

Betroffen sieht der Agentur-Besitzer das Foto an. „Wer … wie …“, stammelt er. Sein bisher so sicheres Auftreten ist verschwunden.
„Wer es war, wissen wir noch nicht. Aber wie es passiert ist. Nicole wurde mit einem Kissen erstickt.“

Schenk lässt sich in den Ledersessel fallen. „Ich habe Nicole gestern Abend zu einem guten Kunden ins *Hofhotel* geschickt. Aber dass sie …“

„Das wissen wir schon, Herr Schenk. Siegfried Bode heißt der Kunde. Wir haben ihn schon befragt. Er hat nichts mit dem Mord zu tun. Leider konnte er uns aber keine genaueren Angaben zu Nicole machen. Deshalb sind wir hier. Als Arbeitgeber haben Sie doch sicherlich Unterlagen über ihre weiblichen Angestellten.“

„Natürlich“, presst Schenk hervor. Er steht auf und geht zu einem schwarzen Schrank. Er zieht eine Schublade auf. Zahlreiche Mappen hängen alphabetisch geordnet darin. „Nicole Weidner“, murmelt Schenk. Er geht die Namen durch. Dann zieht er eine der Mappen heraus und reicht sie Otto.

„Nicole arbeitet seit drei Jahren für die Agentur. Sie war ein lebensfroher und herzlicher Mensch. Sie wurde gern gebucht und hatte einige Stammkunden.“ Schenk geht zur Fensterwand und starrt hinaus.

Der Kommissar schlägt die Mappe auf. Das Gesicht der Ermordeten lächelt ihm von einem Foto entgegen. Darunter sind die Anschrift, das Geburtsdatum und die Maße der jungen Frau aufgelistet. Auf den folgenden Seiten liest Otto die Namen von Männern. Daneben stehen die Zeiten, zu denen Nicole mit den Männern zusammen war.

„Wir müssen die Akte mitnehmen“, sagt Otto.

Schenk dreht sich zu ihm um. „Ich muss Sie aber um absolute Verschwiegenheit bitten. Diese Daten sind vertraulich. Unsere Kunden verlassen sich darauf. Viele von ihnen stehen in der Öffentlichkeit und sind verheiratet …“

„Darauf werden wir keine Rücksicht nehmen können, Herr Schenk. Es geht hier um Mord. Hinter jedem dieser Namen könnte der Täter stecken.“

Schenk nickt niedergeschlagen. „Ich verstehe“, sagt er. „Bitte, finden Sie den Mörder.“

ÜBUNG 10 !

Übung 10: Lesen Sie weiter und ersetzen Sie die unterstrichenen Wörter durch ein Personalpronomen!

Sandra sieht Otto fragend an. Sie geht ein paar Schritte auf den Geschäftsführer (1.) ________ zu. „Können Sie uns Ihr Verhältnis zu Nicole (2.) ________ beschreiben?“, fragt sie vorsichtig.
Schenk seufzt. „Ich habe ein rein berufliches Verhältnis zu den Mädchen (3.) ________. Aber Nicole (4.) ________ war ... Sie war etwas Besonderes. Ich hatte sie gern um mich. Manchmal habe ich sie zum Essen eingeladen. Ich habe sogar überlegt ...“ Er sieht Sandra (5.) ________ mit traurigen Augen an.
„Wollten Sie, dass sie den Job aufgibt?“ Sandra steht Schenk (6.) ________ jetzt direkt gegenüber. „Haben Sie sich vielleicht in Nicole verliebt?“
Der junge Mann (7.) ________ senkt den Kopf. „Sie wollte nicht aufhören. Sie hat gut verdient. Es hat ihr Spaß gemacht, mit den Männern (8.) ________ zu spielen.“
„Haben Sie sie deswegen umgebracht?“, mischt sich Otto ein. Seine Stimme hat einen scharfen Ton. „Sie wollten Nicole (9.) ________ nicht mehr mit anderen Männern teilen. Das war eine Qual für Sie. Deshalb haben Sie sie getötet, habe ich recht?“

„Niemals!“, stößt Schenk hervor. „Ich hätte ihr niemals ...“
„Verdammt, Stefan, was soll das?“, zischt Sandra.
Sie führt Schenk zu seinem Schreibtischsessel und drückt ihn sanft hinein. Völlig verstört lässt er es geschehen.
Doch Otto fährt unbeirrt fort: „Wo waren Sie heute Morgen zwischen sieben und zehn Uhr?“

„Ich war hier. Ich komme immer schon ganz früh in die Agentur. Ich schaue die Anfragen durch und teile die Mädchen ein …"
„Gibt es dafür Zeugen?", hakt Otto nach.
„Ich habe keine Ahnung. Fragen Sie doch den Pförtner. Er sieht mich morgens manchmal kommen. Er sitzt in einem kleinen Raum im Erdgeschoss."
„Wir prüfen das, Herr Schenk. Halten Sie sich für weitere Fragen bereit."
Otto gibt Sandra ein Zeichen. Dann stapft er auf die Tür zu.

„Herr Schenk von der Ladylike-Agentur?", fragt der Pförtner. „Ja, der ist immer schon früh da. Die meisten Büros öffnen erst gegen neun Uhr. Aber die Agentur ganz oben … Ich kann Ihnen sagen, da kommen und gehen vielleicht heiße Miezen. Mit dem Schenk würde ich gern tauschen."
Der Pförtner lacht rau.
„War er heute Morgen schon um sieben Uhr hier?", will Otto wissen. Der Pförtner überlegt. „Heute habe ich ihn gar nicht kommen sehen. Vielleicht war er tatsächlich schon vor mir hier."
„Und wann haben Sie heute angefangen?" Otto verdreht genervt die Augen.
„Sieben Uhr dreißig", antwortet der Mann. „Das ist mein üblicher Arbeitsbeginn."
Otto lässt den Pförtner stehen und geht auf den Ausgang zu. Sandra verabschiedet sich kurz von dem Mann und folgt ihrem Kollegen.
„Damit hat dieser Oliver Schenk ein Alibi. Wenn der Pförtner ihn nicht gesehen hat, muss er vor ihm in der Agentur angekommen sein. Er kann das Gebäude auch nicht verlassen haben. Das wäre dem Pförtner bestimmt aufgefallen. Vorausgesetzt, der Mann sagt die Wahrheit. Schenk braucht ihm doch nur eine seiner ‚heißen Miezen' zu versprechen. Dann sagt der Pförtner alles für ihn aus."

Otto öffnet die Fahrertür seines Autos. „Mal sehen, ob die Spurensicherung Fingerabdrücke findet, die sich keiner der uns bekannten Personen zuordnen lassen. Dann lade ich Herrn Schenk mit Freude in das Kriminalamt ein. Fingerabdrücke lügen nicht."
„Was hast du nur gegen Oliver Schenk?", wundert sich Sandra. Sie steigt auf der Beifahrerseite ein.
„Ich habe etwas gegen die Geschäfte, mit denen er sein Geld verdient. Und dann spielt er uns auch noch den unglücklich Verliebten vor. Das nehme ich ihm nicht ab. Ausgerechnet das Mädchen, in das er angeblich verliebt ist, wird umgebracht. Findest du das nicht merkwürdig?" Otto startet den Wagen.
„Vielleicht hast du recht", antwortet Sandra. „Aber seine Reaktion auf die Nachricht vom Mord an Nicole war nicht gespielt. Eine Frau spürt so etwas. Außerdem warst du anscheinend noch nie verliebt. Außer vielleicht in deine Arbeit." Sandra beißt sich auf die Lippen. Das hatte sie gar nicht aussprechen wollen.
Otto legt den ersten Gang ein und tritt auf das Gaspedal. Auf so eine Diskussion lässt er sich gar nicht erst ein. Jetzt will er in die Dienststelle fahren und die Namen der Männer in Nicoles Akte überprüfen lassen. Danach wird er sich die Wohnung des Opfers vornehmen. Auch wenn er Schenk verdächtigt, muss er jeder möglichen Spur nachgehen.

Wenig später betreten Otto und Sandra das Landeskriminalamt. Ein paar Polizisten kommen ihnen entgegen. Sie grüßen die beiden. Dann stecken sie die Köpfe zusammen und tuscheln. Otto dreht sich nach ihnen um. Irgendetwas muss passiert sein.
Auch auf dem Gang vor seinem Büro unterhalten sich zwei Kollegen. Als sie Otto und Sandra sehen, verstummt ihr Gespräch sofort. Der Kommissar wirft ihnen einen ärgerlichen Blick zu. Dann öffnet er die Tür zu seinem Büro.

„Na endlich, Herr Otto“, ruft ihm Wolfgang Peters entgegen. Der Kriminalhauptkommissar ist sehr wütend. „Seit einer Stunde versuche ich, Sie zu erreichen. Wieso haben Sie Ihr Handy nicht eingeschaltet? Außerdem habe ich Ihnen schon mehrmals gesagt, dass Sie einen Dienstwagen für Ihre Einsätze nehmen sollen. Dann hätte ich Sie wenigstens über Funk erreichen können.“ Peters läuft vor Zorn rot an. Otto kramt in der Tasche und holt sein Mobiltelefon hervor. Das Gerät ist aus. Der Akku ist leer.

„Tut mir leid, Chef“, sagt er. „Was gibt es denn so Eiliges?“

„Eiliges?“ Peters Stimme klingt schrill. „Haben Sie mal einen Blick auf Ihre Uhr geworfen? Reinecke hat auf Ihre Anweisung hin die Suite im *Hofhotel* versiegeln lassen. Das Zimmer kann nicht vom Personal gereinigt werden. Dabei ist die Leiche schon längst in der Gerichtsmedizin. Die Suite ist ab heute Abend für ein Diplomatenehepaar aus der Schweiz reserviert. Die Leute können unmöglich in einem weniger komfortablen Zimmer untergebracht werden. Die Hotelangestellten stehen Schlange vor einem Konferenzraum. Zwei Anfänger wurden für die Befragung ins Hotel geschickt. Die ersten Gerüchte machen die Runde. Herr Jaschke musste schon zwei Reporter von der Berliner Zeitung abwimmeln. Und das alles erfahre ich vom Hoteldirektor höchstpersönlich am Telefon über ein Ferngespräch aus Miami!“ Jetzt schreit Peters.

Otto und Sandra sagen kein Wort. Sie kennen ihren Chef gut. Er kann sehr aufbrausend sein. Dafür beruhigt er sich auch schnell wieder.

„Können Sie sich überhaupt vorstellen, was diese Umstände für das *Hofhotel* bedeuten? Sie tragen die Verantwortung für die Ermittlungen in diesem Fall. Und die sollten Sie jetzt gefälligst übernehmen.“ Peters atmet tief ein und aus.

Otto geht völlig ungerührt vom Wutausbruch seines Chefs zum Schreibtisch. Er legt die Mappe aus der Callgirl-Agentur auf den

Tisch und schlägt sie auf. „Nicole Weidner“, liest er vor. „Sechsundzwanzig Jahre alt. Wohnhaft in der Friedenstraße 98. Ledig. Keine Kinder. Soll ich Ihnen auch noch die Maße der Ermordeten nennen?“
„Was soll das, Otto. Wo haben Sie das her?“ Peters wirkt schon etwas ruhiger.
„Unsere Ermittlungsarbeit hat uns zu der Agentur geführt, für die das Opfer gearbeitet hat. Der Geschäftsführer der Agentur hat uns diese Unterlagen ausgehändigt. Gern lese ich Ihnen auch die Namen der Männer vor, mit denen Nicole zusammen war. Das wird Sie sicher interessieren. Hier stehen sogar die entsprechenden Termine. Das alles muss sorgfältig geprüft werden. Und dazu benötigen wir Zeit.“ Der Kommissar ahnt, dass Peters einige der aufgelisteten Personen in der Akte persönlich kennt. Otto konnte selbst ein paar Namen der Berliner Regierung zuordnen.
„Zeigen Sie her“, sagt Peters. Er nimmt die Mappe vom Schreibtisch und blättert sie durch. Dabei streicht er sich immer wieder über das Kinn.
„Das darf doch nicht wahr sein“, ruft er aus. „Dieser Fall wird ja immer brisanter. Diese Akte darf ebenfalls unter keinen Umständen an die Öffentlichkeit gelangen. Am besten, ich kümmere mich selbst darum. Ich werde ein bisschen herumtelefonieren.“
„Ich bin mir sicher, dass Sie einige der benötigten Telefonnummern in Ihrem Kontaktordner gespeichert haben“, meint Otto.
„Werden Sie bloß nicht frech, Otto. Bisher läuft Ihre Ermittlungsarbeit nicht gerade vorbildlich. Sie fahren jetzt zum *Hofhotel*. Sorgen Sie dafür, dass die Angestellten ihren Mund halten. Und sehen Sie sich auch die Gästeliste an. Vielleicht hat eine der hier genannten Personen gestern ebenfalls im *Hofhotel* übernachtet. Ich verlasse mich auf Sie, Otto. Und laden Sie Ihr Handy auf. Sie müssen erreichbar sein. Außerdem will ich ständig über den neusten Stand im Hotel informiert werden.“

Übung 11: Ergänzen Sie die folgende Tabelle mit Infinitiv und in der 3. Person Singular!

	Infinitiv	*Präsens*	*Präteritum*	*Perfekt*
1.	________	findet	________	________
2.	fahren	________	________	________
3.	________	________	________	hat gesehen
4.	________	________	kannte	________
5.	________	kommt	________	________
6.	________	_______	ging	________
7.	________	_______	________	hat geworfen

„Alles klar, Chef!“ Otto zwinkert Sandra zu. „Wenn Sie mir nur noch eine Kopie der Akte aushändigen würden? Dann kann ich die Namen mit der Gästeliste vergleichen.“
„Ja, ja, Otto. Die können Sie sich gleich bei meiner Sekretärin abholen.“ Der Kriminalhauptkommissar verlässt schlecht gelaunt das Büro.
„Ob Peters seinen Bekannten in der Akte einen Tipp gibt?“, fragt Sandra.
„Peters wird sie sicherlich von dem Fall unterrichten. Als guter Polizist wird er ihnen aber keinen Vorteil verschaffen. Lass uns die Kopie abholen und zum Hotel fahren. Vielleicht finden wir dort weitere Antworten.“
„Du sollst aber erst dein Handy aufladen“, erinnert ihn Sandra.
„Das kann ich auch im Auto“, antwortet Otto.

Nur eine halbe Stunde später kommen Otto und seine Kollegin im *Hofhotel* an. Der Kommissar geht zuerst zur Rezeption. Er legt seinen Dienstausweis auf den Tresen. Der Mann dahinter wirft einen kurzen Blick darauf. „Ich bin erst seit einer Stunde hier, Herr

Kommissar“, sagt er aufgeregt. „Und gestern hatte ich um zwanzig Uhr Feierabend.“ Er beugt sich verschwörerisch vor. „Ich kenne das Mordopfer nicht. Aber ein paar meiner Kollegen haben die Frau gestern Abend an der Bar gesehen. Sie war in Begleitung einer unserer Stammgäste. Er heißt Siegfried Bode.“

„Was Sie nicht sagen!“ Otto tut so, als wäre er erstaunt. Aber der Mann bemerkt es nicht. Er nickt nur stolz.

Otto stützt sich auf den Tresen. „Bitte behalten Sie Ihr Wissen ab jetzt lieber für sich. Es könnte sein, dass Reporter hier auftauchen. Und wir wollen doch nicht, dass Ihr Chef Ihnen fristlos kündigt, weil Sie geheime Informationen ausplaudern.“

„Oh!“ Der Mann stellt sich wieder gerade hin. Er zieht die Jacke seiner Hoteluniform zurecht. „Was kann ich sonst für Sie tun?“, fragt er förmlich.

„Ich brauche eine Gästeliste sämtlicher Buchungen der letzten Nacht“, antwortet Otto. „Die können Sie doch sicher schnell in Ihrem Computer abrufen. Außerdem benötige ich die Nummer und Etage des Konferenzraums, den uns Herr Jaschke zur Verfügung gestellt hat.“

Der Hotelangestellte drückt ein paar Knöpfe auf der Tastatur des Computers. Ein Drucker hinter ihm schaltet sich ein. Mehrere Blätter werden gedruckt.

„Konferenzraum eins. Achte Etage“, sagt der Mann. Er reicht Otto die Gästeliste. „Ab sofort schweige ich wie ein Grab. Sie werden mich doch nicht bei der Hotelleitung melden?“

„Machen Sie einfach Ihre Arbeit. Wir gehen unseren Aufgaben nach“, antwortet Otto. Er dreht sich um und läuft mit Sandra auf einen Fahrstuhl zu.

„Kein Wunder, dass es bereits Gerüchte über den Mord gibt“, meint Sandra. „Ich dachte immer, die Angestellten in einem so noblen Hotel sind verschwiegener.“

„Das dachte ich auch", sagt Otto. „Ich möchte mir noch gar nicht vorstellen, was uns oben erwartet."

Übung 12: Lesen Sie weiter und ordnen Sie die Buchstaben aus den Klammern zu sinnvollen Wörtern!

Im Fahrstuhl überfliegt Otto die Gästeliste. Auf den ersten (1. klicb) __________ fällt ihm kein bekannter Name auf.
Schon öffnet sich die (2. rahfluhstrüt) __________. Stimmengewirr kommt den beiden Beamten entgegen. Otto und Sandra steigen aus. Sie trauen ihren (3. gnaue) __________nicht. Auf dem Gang stehen mindestens zwanzig Männer und Frauen in unterschiedlichen Hoteluniformen. Einige lehnen gelangweilt an der (4. dawn) __________ . Andere stehen in Grüppchen zusammen und unterhalten sich. Als sie Otto und Sandra bemerken, wird es etwas ruhiger.
„Ich nehme an, Sie warten auf Ihre (5. rafebgnug) __________", ruft Otto den Hotelangestellten zu. Er holt seinen Dienstausweis aus der (6. scheta) __________ und hält ihn für alle sichtbar in die Höhe.
Sofort kommen zwei (7. farenu) __________ auf ihn zu. „Wir haben schon längst Feierabend", sagt die eine.

„Ich muss meine Kinder aus dem Kindergarten abholen", erklärt die andere.
Weitere Hotelangestellte nähern sich dem Kommissar. „Warum können wir nicht nach Hause gehen?", ruft jemand.
„Wenn wir so langsam arbeiten würden …" schimpft jemand anderes. „Und alles nur wegen einer Nutte!"
Jetzt hält es Otto nicht mehr aus. „Ruhe!", brüllt er durch den Gang. Die Angestellten verstummen. Der Kommissar steckt seinen

Dienstausweis ein. „Diese Nutte, wie Sie sie nennen, war eine junge Frau. Sie hat nur ihren Job gemacht. Sie hatte es nicht verdient, zu sterben. Deshalb sind wir hier. Wir müssen jedem Hinweis nachgehen. Nur so können wir den Mörder fassen. Wenn Sie uns dabei nicht freiwillig behilflich sein wollen, laden wir Sie auch gern in unsere Dienststelle ein. Dann müssen Sie aber noch mehr Zeit mitbringen. Also, reißen Sie sich gefälligst zusammen."

Otto geht ohne ein weiteres Wort an den Wartenden vorbei. Sandra folgt ihm schnell. Gemeinsam betreten sie den Konferenzraum.

„Ah, Verstärkung. Endlich!", sagt einer der beiden jungen Polizisten. Er steht auf und kommt Otto entgegen. Sein Kollege bleibt neben dem Tisch stehen. Auf einem Stuhl sitzt ein Zimmermädchen. Sie schaut den Kriminalbeamten mit großen Augen entgegen.

„Sind Sie mit der Befragung der Frau fertig?" Otto deutet auf das Zimmermädchen.

„Ja, sie kann gehen", antwortet der Polizist.

Das Zimmermädchen verlässt den Konferenzraum.

Otto wendet sich der Liste auf dem Tisch zu. „Wie viele Angestellte haben Sie schon befragt?", will er wissen. Neben einigen Namen auf der Liste entdeckt er rote Kreuze.

„Äh, es waren fünfzehn bisher", antwortet der Polizist. „Wir sind alphabetisch vorgegangen und haben die Namen aufgerufen."

Otto ist entsetzt. „Warum dauert das so lange? Die Leute stehen sich draußen die Füße platt."

„Wir mussten uns erst die Fragen überlegen … Einige der Befragungen waren etwas … mühsam", stottert der junge Polizist.

Otto atmet tief durch. „Ihre Arbeit hier ist beendet. Frau Kling und ich übernehmen das jetzt. Sorgen Sie draußen für etwas Ruhe. Danach fahren Sie zur Dienststelle zurück. Und fragen Sie Reinecke nach Fingerabdrücken. Er soll mich anrufen, wenn er etwas Verdächtiges gefunden hat."

Die beiden Polizisten nicken betreten und verabschieden sich.
„Ich fasse es nicht“, sagt Otto zu Sandra. „Die sind tatsächlich alphabetisch vorgegangen.“
„Die beiden haben sicher noch nicht genügend Erfahrung. Sie wollten nur genau sein. Du hättest zwei Kollegen bestimmen sollen.“
„Egal, lass uns das Ganze hier schnell zu Ende bringen. Ruf einfach den Nächsten herein.“

Übung 13: Wie lautet das Gegenteil? Ordnen Sie zu!

1. antworten	a. schweigen	_____
2. müssen	b. aufstehen	_____
3. verabschieden	c. wissen	_____
4. setzen	d. wollen	_____
5. zurückkommen	e. faulenzen	_____
6. glauben	f. fragen	_____
7. sprechen	g. begrüßen	_____
8. arbeiten	h. weggehen	_____

Otto setzt sich an den Tisch und blättert die Liste durch. Mit so vielen Angestellten hatte er nicht gerechnet. Da fällt sein Blick auf einen Namen: Kai Weidner, Page. Ist diese Person etwa mit dem Opfer verwandt?
Sandra kommt mit einem jungen Mann zurück.
„Name und Aufgabengebiet?“, fragt Otto.
„Paul Fest“, antwortet der Mann. „Ich bin seit sechs Monaten Page hier im Hotel.“
Otto schaut zu ihm hoch. „Arbeiten Sie mit Kai Weidner zusammen?“
Sandra horcht erstaunt auf.

„Ja, Kai ist auch Page. Wir haben oft gemeinsam Dienst. Heute hat er sich jedoch krank gemeldet.“

„Hat Herr Weidner eine Schwester oder Cousine?“, hakt Otto nach.

„Er hat mehrere Geschwister, glaube ich. Seine Eltern sind schon gestorben. Er spricht nicht oft von seiner Familie.“

„Und wann hat er gestern gearbeitet?“

„Gestern waren wir bis zweiundzwanzig Uhr beschäftigt. Ich war völlig erledigt und bin gleich nach Hause gefahren. Kai hat noch aufgeräumt …“

Otto springt auf. „Sandra, du holst unsere beiden Experten wieder rein. Sie sollen hier weitermachen. Ich hole mir von Jaschke Kai Weidners Adresse. Es würde mich nicht wundern, wenn das Opfer seine Schwester war.“ Eilig verlässt Otto den Konferenzraum.

ÜBUNG 14 !

Übung 14: Bilden Sie indirekte Fragen!

1. Wer ist da?
   Kai Weidner will wissen, ______________________________.
2. Können wir kurz mit Ihnen sprechen, Kai?
   Sandra möchte wissen, ______________________________.
3. Wann haben Sie Ihre Schwester zuletzt gesehen, Kai?
   Otto fragt, wann ______________________________.
4. Womit hat Kais Schwester ihr Geld verdient?
   Sie fragen, ______________________________.

„Was verdient so ein Page wohl in einem Luxushotel?“, fragt Sandra. Otto ist mit ihr in Richtung Kreuzberg unterwegs.

„Viel wird es nicht sein. Weidner kann sich offensichtlich keine Wohnung in der Nähe seines Arbeitsortes leisten.“

Sie halten mitten in Kreuzberg vor einem heruntergekommenen Altbau.

„Dritte Etage“, liest Sandra an den Klingelschildern ab. Die Haustür ist nur angelehnt.
Oben klopft Otto kräftig gegen die Wohnungstür. Die Klingel ist abgestellt.
„Wer ist da?“, ruft eine Stimme aus der Wohnung.
„Kriminalpolizei“, antwortet Otto. „Öffnen Sie die Tür!“
Eine Kette rasselt von drinnen. Sie wird in ein Schloss geschoben. Dann geht die Tür einen Spalt breit auf. Die Türkette spannt sich. Ein schlanker Mann mit kurzen braunen Haaren sieht Otto durch den Spalt an.
„Ich bin krank“, sagt er schwach. „Ich kann nicht mit Ihnen reden.“
„Sie wissen, weshalb wir hier sind?“, fragt Sandra.
„Es geht bestimmt um meinen Bruder. Ist er wieder mit Drogen erwischt worden?“
„Nein, es geht nicht um Ihren Bruder. Es geht um Ihre Schwester Nicole.“
Der Mann hinter der Tür zuckt zusammen.
„Sie wurde heute Vormittag ermordet im *Hofhotel* aufgefunden. Können wir nicht doch kurz mit Ihnen sprechen?“ Sandra schaut Kai Weidner direkt in die Augen.
Er schließt die Tür. Wieder ist das Kettenschloss zu hören. Dann lässt Kai die beiden Polizisten herein.
Schniefend und im Bademantel läuft er vor den Beamten her. Sie folgen ihm in ein dunkles Wohnzimmer. Die Vorhänge sind zugezogen. Der Fernseher läuft ohne Ton. Auf dem alten Couchtisch steht eine leere Tasse und ein Teller mit angetrockneten Essensresten. Neben einem vollen Aschenbecher liegen Zigarettenkippen. Die Luft riecht nach kaltem Rauch.
„Meine Putzfrau war heute noch nicht hier. Wahrscheinlich ist sie auch krank.“ Kai lässt sich auf das Sofa fallen. Er lacht gespielt.

„Wir haben schon Schlimmeres gesehen, Herr Weidner“, bemerkt Otto.
„Ach, nennen Sie mich einfach Kai“, sagt der junge Mann. „Das bin ich gewohnt.“

! ÜBUNG 15

Übung 15: Welches Wort gehört nicht dazu?

1. Wohnung, Haus, Appartement, Hausflur ____________________
2. Tisch, Couch, Sessel, Stuhl ____________________
3. Monat, Tag, Ferien, Jahr ____________________
4. Gast, Page, Zimmermädchen, Portier ____________________
5. Bruder, Vater, Tante, Onkel ____________________
6. Wohnzimmer, Garage, Bad, Küche ____________________
7. Teller, Untertasse, Becher, Messer ____________________
8. Konto, Lohn, Gehalt, Einkommen ____________________

Otto zieht sich einen Stuhl an das Sofa heran. Er setzt sich hin. „Wann haben Sie Ihre Schwester zuletzt gesehen, Kai?“, fragt er direkt.
„Weiß nicht so genau. Muss schon ein paar Monate her sein.“
„Wussten Sie, womit Ihre Schwester ihr Geld verdient hat?“
„Wer wusste das nicht. Sie hat nicht gerade ein Geheimnis daraus gemacht. Meine ganze Familie ist verdorben. Meine Eltern sind vor fünf Jahren bei einem Autounfall ums Leben gekommen. Seitdem spielen alle verrückt. Meine große Schwester ist eine Nutte und mein kleiner Bruder ein Drogenjunkie …“
„Nur Sie sind ein ehrbarer Bürger und arbeiten fleißig als Page in einem Luxushotel“, fährt Otto dazwischen.
„Ich bemühe mich zumindest. Ich will nämlich nicht auf die schiefe Bahn geraten. Als Page im *Hofhotel* habe ich gute Aufstiegschancen. Jeder muss klein anfangen. Aber das hat Nicole nie

begriffen. Sie wollte immer gleich das große Geld verdienen. Sie hat sich lustig gemacht über mich. Über mein geringes Einkommen für die tägliche harte Arbeit. Diese Reichen und Schönen im *Hofhotel* glauben, sie können sich mit Geld alles kaufen. Aber einen Pagen behandeln sie wie den letzten Dreck. Nicole wollte trotzdem unbedingt zu ihnen gehören. Dafür hat sie ihren Körper verkauft. Aber ihr Ansehen war sicher nicht mehr wert als meins."
Kai greift in die Tasche seines Bademantels und holt eine zerdrückte Zigarettenschachtel hervor. Er zündet sich eine Zigarette an.
„Nicole war keine Straßenprostituierte. Sie hat für eine teure Callgirl-Agentur gearbeitet. Sie hat in einer Nacht wahrscheinlich mehr verdient, als Sie in einer Woche", bemerkt Otto.
„Dann hätten Sie sie mal sehen sollen, als sie noch auf dem Straßenstrich unterwegs war …" Kai bläst den Zigarettenqualm in einer großen Wolke in den Raum. „Ich habe sie damals so sehr gehasst. Und seit sie bei dieser Agentur arbeitet …"
„Hat sich Ihr Verhältnis zu Nicole noch verschlechtert", setzt Otto den Satz fort.
„Aber das wollte Nicole nicht wahrhaben. Sie hat mir sogar finanzielle Unterstützung angeboten. Als ob ich ihr Geld jemals angenommen hätte. Sie sollte nur endlich aufhören, sich zu verkaufen."
„Das kann ich verstehen, Kai", sagt Otto nachdenklich. Nach den Worten des jungen Mannes kommt ihm ein schrecklicher Verdacht.
„Wie lange waren Sie eigentlich gestern im Hotel?", fragt er.
„Bis halb elf abends. Ich war mit aufräumen dran. Wir Pagen haben einen Aufenthaltsraum. Den müssen wir selbst sauber halten. Wieso fragen Sie?"
„Weil es sein könnte, dass Sie Ihre Schwester gestern im *Hofhotel* gesehen haben. Sie kam etwa um zweiundzwanzig Uhr mit einem Geschäftsmann ins Hotel. Wissen Sie vielleicht etwas darüber?"

„Ich habe Ihnen doch schon gesagt, dass ich Nicole schon seit Monaten nicht mehr gesehen habe. Ich wollte sie erst wieder treffen, wenn sie mit diesem Job aufgehört hat."

Doch Otto lässt nicht locker. „Es kann ja ein Zufall gewesen sein. Sie wollten gerade gehen und da sehen Sie Ihre Schwester mit einem glatzköpfigen Mann an der Bar. Sie waren bestimmt nicht sehr erfreut über diesen Anblick. Haben Sie sich ihr zu erkennen gegeben? Haben Sie vielleicht sogar etwas zu ihr gesagt? Nicole wusste doch, dass Sie im *Hofhotel* arbeiten. Es war ziemlich dreist von ihr, dort aufzutauchen, oder?"

Kai presst die Lippen fest aufeinander.

„Habe ich recht, Kai? Haben Sie Nicole und den Geschäftsmann gestern Abend im Hotel gesehen?"

„Jeder konnte sie sehen", sagt Kai leise. „Alle wussten, was für eine Frau dieser Kerl da an seiner Seite hatte. Sie hatte knallrote Lippen. Ihre Brüste sprangen jedem ins Auge. Sie hat den Alten richtig angehimmelt. Und er hat sie immerzu betatscht. Es war ekelhaft. Diese Schlampe …"

Kai drückt die Zigarette aus. Seine Hand zittert dabei. Ein paar Kippen fallen vom Rand des Aschenbechers auf den Tisch.

ÜBUNG 16 !

Übung 16: Ergänzen Sie die Artikel und machen Sie jeweils aus den zwei Wörtern eines!

1. _____ Tür _____ Kette _____ _______________
2. _____ Auto _____ Unfall _____ _______________
3. _____ Lippen _____ Stift _____ _______________
4. _____ Hotel _____ Küche _____ _______________
5. _____ Schlaf _____ Zimmer _____ _______________
6. _____ Geld _____ Schein _____ _______________
7. _____ Nacht _____ Tisch _____ _______________

„Sie können uns alles sagen, Kai. Wir hören Ihnen zu“, ermuntert Otto den verstörten Mann zum Weiterreden.
„Was wollen Sie denn hören?“, fragt Kai mit heiserer Stimme. „Sie haben doch keine Ahnung. Ich habe mich so geschämt. So verdammt geschämt. Wissen Sie, was ich dann getan habe? Ich habe mich in der Nähe der Bar versteckt. Ich bin den beiden sogar bis zu der Suite gefolgt. Ich wollte diesen Kerl umbringen. Ein Messer wollte ich mir aus der Hotelküche holen. Aber ich war zu feige! Dafür habe ich die beiden belauscht. Das Schlafzimmer der Suite grenzt genau an ein Wäschezimmer. Dort habe ich mich versteckt. Sie haben gelacht und gestöhnt. Fast die ganze Nacht habe ich sie gehört. Erst gegen Morgen war Ruhe in der Suite. Ich war wie gelähmt. Ich konnte mich nicht rühren und das Hotel verlassen. Dann habe ich gehört, wie die Tür ins Schloss fiel. Ich dachte, Nicole sei gegangen. Ich wollte den alten Kerl zur Rede stellen. Ich habe einfach an die Tür der Suite geklopft. Und wissen Sie, wer mir geöffnet hat? Meine große Schwester! Sie hatte fast nichts an. Sie hat mich in die Suite gezogen, die Tür geschlossen und mich ausgelacht. Dann hat sie sich auf das Bett gelegt und mir stolz drei Hunderter gezeigt. Die Geldscheine lagen auf dem Nachttisch. ‚Ich war gut. Es hat ihm Spaß gemacht mit mir‘, hat sie gesagt. Ich bin ausgerastet. Ich hatte nicht geschlafen. Sie lag halb nackt auf dem Bett und lachte. Sie sollte aufhören. Aber sie lachte immer weiter. Da habe ich mich auf sie gestürzt. Ein Kissen habe ich ihr auf das Gesicht gedrückt. Sie sollte nur aufhören zu lachen. Sie hat sich nicht gewehrt …“
Kraftlos lehnt sich Kai zurück. „Sie hat sich nicht gewehrt …“, presst er noch einmal hervor.
Sandra sieht Otto betroffen an. Dieses Geständnis ist furchtbar. Kai musste verzweifelt gewesen sein. Doch Otto lässt sich von den tragischen Umständen des Mordes nicht beeindrucken.

„Kai Weidner, ich verhafte Sie wegen Mordes an Ihrer Schwester Nicole Weidner.“ Otto steht auf. „Kommen Sie, Kai. Ziehen Sie sich etwas an. Wir müssen Sie mitnehmen.“

Wenig später sitzt Kai in einer Zelle in Untersuchungshaft. Otto ist mit Sandra auf dem Weg zu Peters. Er will seinem Chef persönlich Bericht erstatten.
Der Kriminalhauptkommissar gratuliert Otto. „Auch wenn Ihr Ermittlungserfolg eher auf einem Zufall beruht“, sagt er. „Sorgen Sie dafür, dass die unsinnige Befragung im *Hofhotel* beendet wird und geben Sie die Suite frei. Wenn ich dann Ihr Protokoll auf dem Tisch habe, rufe ich den Hoteldirektor an. Vielleicht kann er sich den vorzeitigen Rückflug aus Miami sparen. Ach ja, und kein Wort an die Presse. Der Mord soll nach wie vor geheim bleiben.“
„Das liegt nicht mehr in unserer Hand, Chef. Soll sich dieser Jaschke darum kümmern, dass seine Angestellten den Mund halten.“
Peters winkt Otto und seine Kollegin aus dem Büro.
„Ich würde gern noch einmal zu Oliver Schenk fahren“, sagt Sandra draußen im Gang. „Er wird sich bestimmt schwere Vorwürfe machen. Hätte er Nicole überreden können, ihren Job aufzugeben, wäre das Ganze nicht passiert. Es wäre schrecklich, wenn er alles aus der Zeitung erfährt.“
„Mach, was du denkst. Ich habe genug zu tun.“ Otto geht eilig davon.

Verbrannt

„Brandanschläge auf Pkws in Berlin“, las Kriminalkommissar Stefan Otto. Er saß am Schreibtisch in seinem Büro. Die Überschrift auf der Titelseite der Berliner Morgenzeitung war alles andere als erfreulich. Der Artikel darunter lautete:

„Die Serie der Brandanschläge auf Fahrzeuge in Berlin reißt nicht ab. In der Nacht zum Sonntag haben unbekannte Täter im Bezirk Pankow einen Mercedes angezündet. Ein Anwohner bemerkte das brennende Auto gegen 2.00 Uhr nachts und alarmierte die Feuerwehr. Der Brand konnte schnell gelöscht werden. Die Kriminalpolizei geht von Brandstiftung aus und hat die Ermittlungen aufgenommen. Nach offiziellen Angaben handelt es sich um den 91. Brandanschlag auf Pkws in diesem Jahr. Die Polizei schließt ein politisches Motiv nicht aus.“

ÜBUNG 1 !

Übung 1: Suchen Sie in den folgenden beiden Absätzen alle regelmäßigen und unregelmäßigen Verben im Präteritum!

regelmäßig: ____

____

unregelmäßig: ____

____

Otto atmete tief ein und aus. ‚Da müssen die Kollegen aber einen brenzligen Fall lösen‘, dachte er. Im wahrsten Sinne des Wortes.
Er legte die Zeitung beiseite. Auf ihn wartete heute Schreibarbeit. Das hatte er sich schon seit Tagen vorgenommen. Zum Glück notierte er sich immer alle wichtigen Informationen in seinem Notizblock. In letzter Zeit hatte er einige Fälle aufgeklärt.

Er nahm ein halb fertiges Protokoll vom Stapel neben dem Computerbildschirm. In diesem Moment klingelte das Telefon. Kriminalhauptkommissar Peters war am anderen Ende der Leitung. Geduldig hörte Otto seinem Vorgesetzten zu. Dann antwortete er: „Ich habe den Artikel gerade in der Morgenzeitung gelesen. Aber davon war nicht die Rede gewesen …“

Peters unterbrach ihn. Nach einer kurzen Erklärung erwiderte Otto: „Das war also ein weiterer Brandanschlag auf ein Fahrzeug in Pankow? … Hmm … Auf einem stillgelegten Firmengelände? Deshalb wurde der Pkw erst nach zwei Tagen gefunden. Ich verstehe …“ Der Kommissar legte die Stirn in Falten. „Ja, ich kümmere mich sofort darum. Ich sage auch Frau Kling Bescheid.“ Er legte auf.

Nun musste Otto sich auch mit einem Brandanschlag auseinandersetzen. Aber diesmal war der Brandstifter noch weiter gegangen. Auf dem Beifahrersitz hatten die Beamten eine verkohlte Leiche gefunden.

Nur wenige Minuten später lag der Bericht aus der Gerichtsmedizin vor Otto auf dem Schreibtisch. Sandra hatte die Mappe mit den Angaben über die Spurensicherung und die Leiche sowie die Tatortfotos mitgebracht.

„Es handelt sich um eine junge Frau. Ihre Identität konnte noch nicht eindeutig festgestellt werden. Sie ist an Rauchvergiftung gestorben. Das Fahrzeug war ein schwarzer VW Passat. Die Nummernschilder waren nicht mehr zu erkennen“, fasste Sandra die bisherigen Untersuchungsergebnisse kurz zusammen.

Otto starrte währenddessen auf die Fotos. Er hatte schon viele Leichen gesehen. Aber der Anblick eines fast bis zur Unkenntlichkeit verbrannten Menschen brachte ihn noch immer aus der Fassung.

„Wir sollten so schnell wie möglich klären, wer das Opfer war. Außerdem sollten wir uns die als gestohlen gemeldeten Fahrzeuge ansehen. Möglicherweise finden wir so eine erste Spur.“

*Übung 2: Setzen Sie **deshalb, weil, obwohl** oder **trotzdem** in die Lücken ein!*

ÜBUNG 2

1. Otto hatte schon viele Leichen gesehen, ____________ war er fassungslos.
2. Er möchte die Vermisstenanzeigen durchsehen, __________ er auf einen Hinweis hofft.
3. Der Wagen stand auf einem stillgelegten Gelände, ________ wurde er erst nach zwei Tagen gefunden.
4. Die Nummernschilder waren nicht mehr zu erkennen, ________ der Wagen verbrannt war.
5. __________ Otto von der Mordkommission war, brachte ihn das Foto aus der Fassung.

Sandra nickte. Ihr Blick wanderte zu Ottos Zeitung.
„Meinst du, dieser Fall hat etwas mit den anderen Brandanschlägen zu tun?“, fragte sie. „Bisher hat es nur Sachschäden gegeben. Ich kann mir nicht vorstellen, dass der oder die Täter es auch auf Mord abgesehen haben.“
„Diese Frage können wir jetzt noch nicht beantworten. Ich werde aber die bisherigen Untersuchungsergebnisse der Kollegen einsehen. Peters hat schon vor Wochen eine Sondertruppe zusammengestellt, die sich nur mit den Brandanschlägen befasst. Wir werden sehen, ob es Parallelen zu unserem Fall gibt.“
Otto schaltete seinen Computer ein. Mit wenigen Tastengriffen hatte er sich in das Verzeichnis der als gestohlen gemeldeten Fahrzeuge getippt. Schnell überflog er die aktuellen Anzeigen.

„Kein schwarzer VW Passat“, brummte er vor sich hin.

„Aber ich habe etwas gefunden“, rief Sandra ihm zu. Sie saß im Nachbarzimmer am Computer.

Otto erhob sich von seinem Schreibtischstuhl und ging zu Sandra hinüber.

„Vor zwei Tagen wurde Gudrun Gerber, eine Kunststudentin, von ihrer Mitbewohnerin als vermisst gemeldet. Vielleicht gibt es einen Zusammenhang.“

Sandra deutete auf die Anzeige und das Bild der Vermissten. Es zeigte eine sehr attraktive junge Frau mit langen blonden Haaren.

„Anhand des Fotos kann die Gerichtsmedizin vielleicht die Form des Schädels bestimmen und mit der Leiche vergleichen. Außerdem könnte einer unserer fleißigen Praktikanten nach Gudrun Gerbers Zahnarzt fahnden. Die Zahnarztakte könnte ebenfalls Aufschluss darüber geben, ob es sich bei dem Opfer um die Studentin handelt.“

„Sehr gute Idee“, meinte Otto. „Das kannst du gleich veranlassen. Druck auch die Adresse und das Foto aus, wir werden der Mitbewohnerin einen Besuch abstatten.“

*Übung 3: Setzen Sie die Verben aus den Klammern im Infinitiv mit **zu** in die Lücken!*

1. Otto bittet Lena Schwarz, die Tür ____________. (aufmachen)
2. Er versucht, die Studentin ___________________. (aufmuntern)
3. Das Verschwinden der Mitbewohnerin scheint Sandra sehr ___________________ . (nahegehen)
4. Eigentlich geht sie nicht weg, ohne sich _______________. (abmelden)
5. Es war für sie normal, wenigstens __________________, wenn sie nicht nach Hause kam. (anrufen)

Es klingelte an der Tür. Erschrocken zuckte Lena Schwarz zusammen. Seitdem sie Gudrun als vermisst gemeldet hatte, fühlte sie sich elend. Jedes Geräusch versetzte sie in Panik. An Vorlesungen oder Seminaren hatte sie schon seit zwei Tagen nicht mehr teilgenommen. Draußen hielt sie es kaum noch aus. Ihre Gedanken kreisten nur um Gudrun.

Langsam ging Lena durch den Flur.

„Wer ist da?“, fragte sie kraftlos und ohne die Tür zu öffnen.

„Kriminalpolizei“, antwortete Otto laut. „Frau Schwarz, wir müssen mit Ihnen sprechen. Bitte öffnen Sie die Tür.“

Lena seufzte. Dann schob sie den Riegel zurück und öffnete die Wohnungstür.

„Guten Tag, mein Name ist Stefan Otto. Das ist meine Kollegin Sandra Kling. Sie haben Ihre Mitbewohnerin, Frau Gudrun Gerber, als vermisst gemeldet. Dazu würden wir Ihnen gern ein paar Fragen stellen.“

Otto hatte mit ruhiger Stimme gesprochen. Der jungen Frau war anzusehen, dass es ihr nicht gut ging.

„Kommen Sie herein“, sagte Lena. Sie führte die beiden Beamten in die Küche. Dort ließ sie sich auf den einzigen Stuhl fallen und deutete auf zwei Hocker. Auch Sandra und Otto nahmen Platz.

„Das Verschwinden Ihrer Mitbewohnerin scheint Ihnen sehr nahezugehen“, begann Sandra die Befragung.

„Gudrun war meine beste Freundin“, flüsterte Lena mit hängenden Schultern.

„Nun verlieren Sie mal nicht den Mut“, versuchte Otto, die Studentin aufzumuntern. „Noch ist sie Ihre Freundin. Berlin ist groß. Vielleicht besucht sie jemanden.“

Lena hob den Kopf. „Gudrun war noch nie weg, ohne sich bei mir abzumelden. Wir haben uns immer gegenseitig mitgeteilt, wann wir wo übernachten. Und wenn es nur ein Zettel auf dem Küchentisch war. Aber diesmal ist sie einfach gegangen …“ Lena schluckte.

„Glauben Sie denn, dass ihr etwas passiert sein könnte?", hakte Sandra vorsichtig nach.

„Was denn sonst? Sie hätte sich schon längst bei mir gemeldet. Ich habe sogar bei ihren Eltern angerufen. Sie wohnen in einem kleinen Ort in der Nähe von München. Aber die wissen auch nichts."

„Und was ist mit Freunden oder Bekannten hier in Berlin? Haben Sie auch schon mit diesen Leuten gesprochen?", fragte Sandra.

Lena schüttelte den Kopf.

„Fangen wir ganz von vorne an", mischte sich Otto ein. „Wann und wo haben Sie Gudrun Gerber das letzte Mal gesehen?"

„Das war am Dienstagabend. Gudrun war mit diesem Fotografen verabredet. Sie hat sich nebenbei etwas Geld als Fotomodell verdient. Den Fotografen hatte sie vor ein paar Wochen bei einem Fototermin zum ersten Mal getroffen. Seitdem hatte er sie ein paar Mal in ihre Lieblingsbar eingeladen."

Otto holte seinen Notizblock heraus. „Können Sie mir den Namen des Fotografen sagen?"

„Ich habe keine Ahnung, wie der Typ heißt. Ich habe ihn auch noch nie gesehen. Gudrun wollte nicht über ihn und ihre Beziehung reden."

Sandra warf der Studentin einen verständnislosen Blick zu. „Ich dachte, beste Freundinnen erzählen sich immer alles", sagte sie.

„Wir hatten auch keine Geheimnisse voreinander", erwiderte Lena trotzig. „Nur in diesem Punkt ließ Gudrun nicht mit sich reden. Vielleicht wollte sie nicht, dass ich den Fotografen ebenfalls kennenlerne. Außerdem hat er eine Ehefrau. Eine Affäre mit einem verheirateten Mann würde ich wahrscheinlich auch für mich behalten."

Otto zog die Augenbrauen hoch. Er vermutete bereits ein Motiv. Ehebruch oder Eifersucht waren oft Gründe für unüberlegte Handlungen.

Übung 4: ***Wenn*** *oder* ***als****? Setzen Sie ein!*

1. ________ sie an der Bar ankamen, war sie geschlossen.
2. ________ Otto jemanden verhörte, zeigte er vorher seinen Ausweis.
3. ________ er ein Foto von verbrannten Menschen sieht, bringt ihn das immer noch aus der Fassung.
4. ________ der Verdächtige und seine Begleitung in der Bar waren, hatten sie Streit.

„Können Sie uns wenigstens die Bar nennen, in der Gudrun am Dienstagabend mit dem Fotografen war?“, wollte er wissen.
„Die Bar heißt *Moon* und liegt irgendwo in der Nähe des Alexanderplatzes.“
Otto notierte sich den Namen der Bar. „In Ordnung, Frau Schwarz. Wir gehen Ihrer Anzeige nach. Sollten sich Neuigkeiten ergeben, melden wir uns selbstverständlich bei Ihnen.“
Er stand von seinem Hocker auf. Auch Sandra erhob sich. Sie hätte der Studentin gern weitere Fragen gestellt. Aber sie vertraute Stefan. Er hatte sicher einen triftigen Grund für sein Vorgehen.
„Sie finden sicher den Weg hinaus“, sagte Lena matt.
Die beiden Kriminalpolizisten verabschiedeten sich.
„Irgendetwas stimmt nicht mit dieser Lena Schwarz“, überlegte Sandra im Treppenhaus. „Sie scheint ziemlich niedergeschlagen und durcheinander zu sein. Vielleicht hatten die beiden einen Streit und Gudrun ist deshalb weggegangen. Lenas schlechtes Gewissen könnte sie dazu getrieben haben, die Vermisstenanzeige aufzugeben und bei den Eltern ihrer Freundin anzurufen.“
„Das vermute ich auch“, antwortete Otto. „Deshalb habe ich ihr auch nichts von der Leiche erzählt. Wir sollten erst sicher sein, ob es sich tatsächlich um Gudrun Gerber handelt.“

Über Funk hatte Otto schnell die Adresse der Bar herausbekommen. Jetzt standen er und Sandra bereits davor. Doch am Vormittag war das *Moon* geschlossen.
Otto hielt sich die Hand an die Stirn und spähte durch das Schaufenster ins Innere der Bar. Ein junger Mann stand hinter einem großen Tresen und trocknete Gläser ab.
„Wir haben Glück", teilte Otto seiner Kollegin mit. „Es ist doch schon jemand da."
Energisch klopfte er an die Scheibe.
Verwundert sah der junge Mann von seiner Arbeit auf. Otto hatte inzwischen seinen Dienstausweis hervorgeholt und hielt ihn gut sichtbar in die Höhe.
Eilig kam der Mann zur Tür und öffnete den beiden Beamten. „Ist etwas passiert?", fragte er überrascht.
„Das wollten wir Sie fragen", gab Otto zurück. „Wir kommen vom Landeskriminalamt Berlin. Stefan Otto ist mein Name, Kriminalkommissar. Das ist meine Kollegin Sandra Kling. Können wir kurz hereinkommen?"
„Natürlich." Der junge Mann trat einen Schritt zur Seite und ließ die Polizisten durch. Dann schloss er die Tür wieder sorgfältig ab.
„Zuerst bräuchte ich Ihren Namen", begann Otto. Er legte seinen Notizblock auf den Tresen.

ÜBUNG 5 !

Übung 5: Setzen Sie die Verben aus den Klammern im Präteritum in die Lücken!

„Paul Horn", (1. antworten) _______________ der junge Mann. „Ich arbeite hier seit einem Jahr als Barkeeper."
„Gut, Herr Horn." Otto (2. machen) _______________ eine Pause und (3. halten) _______________ dem Barkeeper das Foto der vermissten Studentin vor die Nase. „Haben Sie diese Frau am Diens-

tagabend hier gesehen? Vielleicht sogar in Begleitung?“

Der junge Mann (4. betrachten) _______________ das Foto eingehend. „Die kenne ich tatsächlich“, (5. sagen) _______________ er nach einer Weile. „Sie kommt oft hierher. Hübsche Frau.“ Er (6. nicken) _______________ anerkennend.

„Dienstagabend, sagen Sie“, (7. überlegen) _______________ er dann. „Ja, das (8. sein) _______________ vor zwei Tagen. Da war sie mit einem älteren Mann hier, ein unsympathischer Typ. Ich glaube, sie hat sich auch vorher schon ein paarmal mit ihm hier getroffen. Aber am Dienstag (9. haben) _______________ die beiden Streit. Er hat ein Bier nach dem anderen bestellt und war irgendwann ziemlich betrunken. Kurz vor Mitternacht hat sie sich seinen Autoschlüssel geschnappt und die Bar wütend verlassen.“

„Moment, nicht so schnell“, sagte Otto. „Woher wissen Sie, dass es sein Autoschlüssel war?“

„Sie hat den Schlüssel aus seinem Jackett hervorgezogen. Er hat kurz protestiert. Dann hat er sie gehen lassen.“

„Und worum ging es bei dem Streit?“, wollte Sandra wissen.

„Das habe ich nicht genau mitbekommen. Aber scheinbar ging es um seine Ehefrau.“ Der Barkeeper zwinkerte vielsagend.

„Ist der Mann ihr später noch hinterhergegangen?“, fragte Otto.

„Nein, der war viel zu betrunken. Er hat einfach noch ein Bier bestellt. Dann hat er drei junge Frauen angesprochen. Sie saßen dort in der Ecke. Er hat ihnen Visitenkarten auf den Tisch gelegt und etwas von Fotoaufnahmen erzählt. Die Frauen haben ihn ausgelacht. Als er noch ein Bier bei mir bestellen wollte, habe ich ihn gebeten, zu gehen. Er hat ohne ein Wort sein Jackett angezogen und die Bar verlassen.“

„Kann er seiner Begleiterin zu diesem Zeitpunkt noch gefolgt sein?“, hakte Otto nach.

„Nur, wenn sie eine knappe Stunde draußen auf ihn gewartet und ihn dann untergehakt hat."
„Sie sind ein sehr aufmerksamer Barkeeper", bemerkte Sandra.
„Das gehört zu meinem Job. Übrigens habe ich eine der Visitenkarten aufgehoben. Man kann ja nie wissen. Die drei Frauen hatten sie einfach auf dem Tisch liegen lassen."
„Ich muss mich korrigieren", meinte Sandra. „Sie sind ein ganz besonders aufmerksamer Barkeeper."
Der junge Mann blätterte grinsend in einem Telefonbuch und holte die Visitenkarte hervor.
„Ich hoffe, der Frau auf dem Foto ist nichts zugestoßen", sagte er.
„Das wissen wir noch nicht", antwortete Otto. „Aber Sie haben uns sehr weitergeholfen."

„Wer hätte das gedacht. Das Fotostudio liegt im Bezirk Pankow und es ist geschlossen." Otto stand mit verschränkten Armen vor einem fünfstöckigen Gebäude. Neben einem Fenster in der ersten Etage war das Firmenschild des Fotostudios angebracht: *Atelier Jens Buchholz – Fotografie und Kunst. Termine nach Vereinbarung.*
„Wir sollten den Mann anrufen", schlug Sandra vor.
„Wenn er etwas mit dem Mord an Gudrun Gerber zu tun hat, ist er sofort gewarnt. Lass uns am besten zu seiner privaten Adresse fahren. Vielleicht können wir ihn dort überraschen."
Otto wandte sich zum Gehen. Dabei fiel ihm eine alte Frau auf, die in einem Wohnhaus gegenüber hinter einer Gardine hervorschaute. Er grüßte sie mit einem Kopfnicken.
Neugierig öffnete die Alte das Fenster.
„Kennen Sie den Fotografen?", rief sie Otto zu.
„Noch nicht", antwortete der Kommissar. „Aber ich nehme an, dass Sie ihn kennen."

*Übung 6: **Wenn** oder **wann**? Setzen Sie ein!*

1. ______ Buchholz eine Frau ins Atelier bat, wollte er oft mehr als Fotos.
2. Otto möchte wissen, ______ sie ihn zum letzten Mal gesehen hat.
3. Er sagte: „ ________ Sie noch etwas hören, rufen Sie bitte an!“
4. Die alte Frau fühlt sich nicht sicher, ______ Leute wie Buchholz in ihrer Nähe wohnen.
5. ______ wurde der Wagen gestohlen?

Er ging über die Straße und blieb mit etwas Abstand vor dem Fenster der alten Frau stehen. Sandra lief unterdessen zurück zu ihrem Dienstwagen. Von dort aus konnte sie das Gespräch gut verfolgen.
„Dieser Fotograf ist kein sehr angenehmer Mensch“, sagte die Frau vertraulich. „Zu Hause hat er Frau und Kind und in sein Fotostudio bringt er immer ganz junge Dinger mit. Ich möchte gar nicht wissen, was er dort alles mit ihnen veranstaltet.“
„Nun, ich nehme an, er fotografiert sie, Frau … wie war Ihr Name?“, erwiderte Otto.
„Bauer. Eleonore Bauer. Ich wohne schon seit über dreißig Jahren hier. Aber seit dieser Fotograf dort drüben sein Atelier eröffnet hat …“ Sie schüttelte den Kopf. „Erst vor ein paar Tagen hat hier wieder so ein junges Mädchen auf ihn gewartet. Ach, was sage ich, aufgelauert hat sie ihm. Doch er wollte sie nicht mit reinnehmen. Fast ausgelacht hat er sie. Und was meinen Sie, was dann passiert ist?“
Die alte Frau beugte sich noch weiter aus dem Fenster. „Angeschrien hat sie ihn. Sie wurde richtig hysterisch. Sie hat sogar mit den Fäusten auf ihn eingeschlagen. Als er im Haus verschwunden ist, hat sie nur noch geweint. Zum Glück war gerade mein Sohn zu Besuch. Er hat sie weggejagt.“

„Ihr Sohn hat eine weinende Frau weggejagt?“, fragte Otto.
„Was weiß denn ich, wozu so eine sonst noch fähig ist“, rechtfertigte sich die Alte empört. „Ich fühle mich hier jedenfalls nicht mehr sicher. Das können Sie mir glauben.“

ÜBUNG 7 !

Übung 7: Ergänzen Sie die Gegenteile!

1. kurz ____________
2. einfach ____________
3. hübsch ____________
4. schnell ____________
5. jung ____________
6. breit ____________
7. dünn ____________
8. hell ____________
9. groß ____________
10. fröhlich ____________

Otto nickte so verständnisvoll wie möglich. Er hatte Gudrun Gerbers Foto bereits in der Hand. Jetzt zeigte er es der aufgebrachten Nachbarin.
„Handelte es sich vielleicht um diese Person?“
Frau Bauer sah sich das Foto mit großem Interesse an. „Nein, das Mädchen hatte braunes und kürzeres Haar. Außerdem war sie nicht besonders hübsch. Ich würde sagen, sie entsprach nicht seinem Beuteschema. Sie wissen schon, was ich meine. Die auf dem Foto habe ich hier aber auch schon gesehen. Sie ist eine von denen, die der Fotograf manchmal mitbringt: hübsch, blond, groß und sehr dünn.“
Plötzlich hielt sie mit weit aufgerissenen Augen inne. „Aber wieso fragen Sie mich das? Sind Sie etwa von der Polizei?“
Otto nickte kurz und holte seinen Ausweis hervor. „Wir würden gern mit Herrn Buchholz sprechen. Können Sie mir sagen, wann Sie ihn zuletzt gesehen haben?“
Die Nachbarin überlegte kurz. „Am Dienstag war er hier. Er hatte es eilig und hat einfach auf dem Gehweg geparkt. Seitdem habe ich ihn nicht mehr gesehen.“

Otto schoss ein Gedanke durch den Kopf. „Sie wissen nicht zufällig, was er für ein Auto fährt?"
„Natürlich weiß ich das. Er besitzt einen schwarzen VW Passat. Mein Sohn fährt auch so einen, nur in blau. Hat er sich alles selbst erarbeitet." Die Frau nickte stolz.
Kommissar Otto hatte genug gehört. „Vielen Dank für Ihre Hilfe, Frau Bauer", verabschiedete er sich. Er drehte sich um und ging in Richtung Dienstwagen.
„Moment mal, junger Mann", rief ihm die Alte hinterher. „Worum geht es denn eigentlich bei ihren Ermittlungen?"
„Um einen schwarzen VW Passat", antwortete der Kommissar über die Schulter. Er winkte Frau Bauer noch kurz zu, dann stiegen er und Sandra ein. Sie ließen die alte Frau verwirrt am Fenster zurück.

Übung 8: Welches Wort gehört nicht dazu?

1. sagen, sprechen, reden, schweigen ______________
2. fragen, erwidern, entgegnen, antworten ______________
3. beginnen, beenden, anfangen, starten ______________
4. blicken, schauen, gucken, werfen ______________
5. stehlen, entwenden, mitnehmen, rauben ______________

Sandra konnte auf dem Beifahrersitz gar nicht still sitzen. „Stefan, das sind unglaublich wichtige Informationen. Und wir haben sie nur durch Zufall erhalten. Jens Buchholz gehört ein schwarzer VW Passat, den er nicht als gestohlen gemeldet hat. Sein Fotostudio befindet sich in Pankow, gar nicht weit von dem Fundort der Leiche entfernt. Und der Fotograf wurde seit zwei Tagen nicht mehr hier gesehen …"
„Nun hol doch erst einmal Luft", erwiderte der Kommissar lächelnd. „Das sind alles nur Indizien. Die reichen zwar für eine

Verhaftung, aber nicht für eine Verurteilung. Wir brauchen stichhaltige Beweise. Lass uns also die Ruhe bewahren und zu Herrn Buchholz fahren. Sollten wir ihn nicht zu Hause antreffen, gebe ich sofort eine Fahndung heraus."

Das Einfamilienhaus des Fotografen lag am Rande von Berlin in einer familienfreundlichen, grünen Umgebung. Otto und seine Kollegin hatten sich vierzig Minuten lang durch den dichten Verkehr geschlängelt. Es war inzwischen Mittag geworden.
Otto streckte sich, als er endlich aus dem Dienstwagen stieg. Dann blickte er sich um.
„Eine sehr biedere Gegend für einen Fotografen, der junge Mädchen abschleppen soll", meinte er.
„Du hast doch gehört, was die Nachbarin gesagt hat. Er hat ein Kind und eine Frau. Wenn ich Kinder hätte, würde ich auch gern hier wohnen." Sandras Augen nahmen einen verträumten Ausdruck an.
Otto zuckte die Schultern. „Lass dich nur nicht von dem schönen Äußeren täuschen", sagte er und ging auf das Grundstück der Familie Buchholz zu. Sandra folgte ihm schweigend.
Es dauerte eine Weile, bis die Tür des Einfamilienhauses geöffnet wurde. Eine schöne Frau mit einem Baby auf dem Arm stand nun den Kriminalbeamten gegenüber. Das Baby hatte ein Lätzchen um den Hals. Mund und Kinn waren mit Brei beschmiert.
„Was wollen Sie?", fragte die Frau leicht gereizt.
„Frau Buchholz?", fragte Otto zurück.
„Wer soll denn sonst die Tür eines Hauses öffnen, an dessen Klingelschild Buchholz steht?" Die Frau des Fotografen wirkte sehr angespannt. „Können Sie bitte zur Sache kommen, der Brei für meine Tochter wird kalt."
Das Baby auf ihrem Arm begann wie auf Knopfdruck zu weinen.
Otto atmete tief durch. „Kriminalkommissar Stefan Otto, meine

Kollegin Sandra Kling“, sagte er förmlich. „Wir würden gern Ihren Mann sprechen.“
„Mein Mann ist nicht da. Ich vermute, es geht um seinen gestohlenen Wagen. Haben Sie das Auto gefunden?“ Der ärgerliche Ton der Frau hatte sich nicht verändert.

Übung 9: Ordnen Sie die Adverbien nach der Häufigkeit!

oft, immer, manchmal, häufig, sehr oft, fast nie, mehrmals, nie, selten

____

____

Sandra warf Otto einen fragenden Blick zu. Der erfahrene Kommissar ließ sich jedoch nichts anmerken. „Ja, es geht um den Wagen. Können Sie uns sagen, wo sich Ihr Mann im Moment aufhält?“
„In seinem Fotostudio, nehme ich an“, antwortete die Frau verwundert. „Er hat heute Morgen wie immer gegen neun Uhr das Haus verlassen.“
„Nein, Frau Buchholz, dort kommen wir gerade her. Wir haben ihn nicht angetroffen.“
„Dann hat er vielleicht Besorgungen zu machen. Mein Mann muss nicht für jeden seiner Wege Rechenschaft ablegen.“ Frau Buchholz schaukelte das Baby, um es zu beruhigen.
Sandra wollte sich einmischen. Doch Otto hielt sie zurück. Er holte das Foto der vermissten Studentin aus seiner Tasche und zeigte es der jungen Mutter.
„Kennen Sie diese Person?“, fragte er.
Frau Buchholz warf einen flüchtigen Blick auf das Bild. „Das ist wahrscheinlich eins seiner Fotomodelle. Die sehen doch alle gleich aus.“

Otto witterte seine Chance. „Frau Buchholz, hatte Ihr Mann vielleicht ein Verhältnis mit diesem Fotomodell?"

„Was soll das? Wieso fragen Sie mich das? Und warum zeigen Sie mir dieses Foto?" Die Ehefrau wirkte plötzlich verunsichert.

„Frau Buchholz, Ihr Mann hat seinen Wagen bei der Polizei nicht als gestohlen gemeldet", sagte Otto. „Außerdem wurde er seit zwei Tagen nicht mehr in der Nähe seines Fotostudios gesehen. Wahrscheinlich hat er Ihnen gegenüber etwas anderes behauptet. Die Frage ist, aus welchem Grund."

„Wie bitte? Das kann nicht sein …" Hilflos sah die Frau des Fotografen die beiden Kriminalbeamten an.

„Können wir vielleicht kurz reinkommen?", fragte Sandra vorsichtig.

„Ja, kommen Sie." Frau Buchholz verschwand mit ihrer Tochter auf dem Arm im Haus. Otto und seine Kollegin folgten ihr.

! ÜBUNG 10

*Übung 10: Mit oder ohne **zu**? Ergänzen Sie, wenn nötig!*

1. Frau Buchholz hatte kaum Zeit, mit dem Kommissar ___ sprechen.
2. Sie sagte, dass das Baby noch _____ essen müsste.
3. Otto hatte fest vor, den Täter _____ finden.
4. Es war für Herrn Buchholz normal, im Atelier ____ übernachten.
5. Sie musste in der Praxis der Kollegin _____ helfen.
6. Es war für sie nicht leicht, die Wahrheit _____ sagen.
7. Otto möchte nicht in der Haut der Ehefrau _____ stecken.
8. Sandra sagte, es sei schwer, solche Ermittlungen _____ führen.

Vom Flur aus führte ein breiter Durchgang in eine geräumige Küche. Die Einrichtung wirkte hell und modern. Frau Buchholz setzte das Baby in den Kinderstuhl. Das kleine Mädchen griff sofort nach dem Löffel und steckte ihn in den Mund.

„Sie müssen entschuldigen, dass ich vorhin so unfreundlich war. Aber wir werden oft mittags gestört. Und Sie sehen ja, dass Lara noch Hunger hat."
„Lassen Sie sich von uns nur nicht abhalten", meinte Otto.
Die Frau wandte sich ihrer Tochter zu. Mit einer geschickten Ablenkung nahm sie dem niedlichen Mädchen den Löffel aus der Hand. Bereitwillig öffnete die Kleine den Mund, als ihre Mutter ihr den Löffel mit Brei vor die Nase hielt.
Otto legte mit etwas Abstand das Foto auf den Küchentisch. „Das ist Gudrun Gerber", begann er langsam. „Die Studentin wird seit zwei Tagen vermisst. Gestern wurde in einem schwarzen VW Passat eine weibliche Leiche gefunden. Auto und Opfer waren verbrannt. Der Fundort lag nicht weit vom Fotostudio Ihres Mannes entfernt. Wir haben Zeugen befragt. Sie haben Ihren Mann gemeinsam mit Frau Gerber in der Nacht vor ihrem Verschwinden gesehen. Wir vermuten, dass es einen Zusammenhang gibt."
Frau Buchholz schluckte und schloss für einen Moment die Augen. Ihre Tochter hatte wieder den Löffel an sich gerissen und kaute fröhlich darauf herum.
„Ich weiß schon länger von seinen … Verabredungen. Auch im Studio hat mein Mann bestimmt nicht nur fotografiert. Er blieb auch manchmal die ganze Nacht weg. Aber zu so etwas wäre er nie fähig. Niemals …"
„Das müssen wir herausfinden, Frau Buchholz. Im Moment sagen uns die Indizien leider etwas anderes. Kam er in der Nacht vom Dienstag zum Mittwoch nach Hause?"
Die junge Mutter begann zu weinen. „Das war doch die Nacht … Nein, er war nicht zu Hause. Er rief mich am Mittwochmorgen an und sagte, dass er im Atelier übernachtet hätte. Sein Wagen sei gestohlen worden und er müsse noch zur Polizei, um den Diebstahl zu melden. Ich war sehr erschrocken. Aber er beruhigte mich. Er

sagte, ich solle mir keine Sorgen machen." Sie wischte sich die Tränen von den Wangen.
Sandra berührte sie voller Mitgefühl an der Schulter. „Für uns ist es auch nicht einfach, solche Ermittlungen zu führen, Frau Buchholz."
„Ach nein? Können Sie sich vorstellen, wie ich mich dabei fühle? Ich liebe meinen Mann, auch wenn das Zusammenleben nicht immer einfach ist. Ich glaube Ihnen nicht. Und ich kann Ihnen nicht weiterhelfen."
„Hören Sie, wir sind auf Ihrer Seite. Wir wollen nur herausfinden, was mit Gudrun Gerber passiert ist. Wer ihr das angetan hat …"
Die Frau des Fotografen stand auf. Sie lief zur Spüle. Sie stützte sich auf den Beckenrand und ließ den Kopf hängen.
„Was soll ich tun?", flüsterte sie kaum hörbar.
„Könnten Sie Ihren Mann anrufen und ihn bitten herzukommen? Dabei sollten Sie uns jedoch nicht erwähnen", sagte Otto.
Frau Buchholz drehte sich zu den Beamten um. „Und dann? Verhaften Sie ihn?"
„Wir werden ihn auf jeden Fall in unsere Dienststelle bringen und ihn vernehmen. Sollten wir weitere Beweise erhalten, die gegen Ihren Mann sprechen, wird der Staatsanwalt Anklage erheben. Seine Aussage kann ihn aber auch entlasten. Auf jeden Fall ist es sehr wichtig, dass wir mit ihm sprechen." Die Miene das Kommissars war sehr ernst.
Frau Buchholz putzte sich mit einem Taschentuch die Nase. Dann wählte sie die Nummer ihres Mannes. Sie machte einen gefassten Eindruck.
„Hallo, Schatz", sagte sie nach einer Weile. „Wo bist du? … Hmm … Kannst du gleich nach Hause kommen? … Nein, Conny hat angerufen. Ich müsste ihr kurz in der Praxis helfen. Das dauert auch nicht lange … Gut, bis gleich."

Übung 11: Setzen Sie das Adjektiv als Nomen ein!

1. Die Zeugin hat ihnen etwas (wichtig) ____________ gesagt.
2. Sie erfuhren nichts (interessant) _____________ über ihn.
3. (schön) ________ an ihrer Arbeit war der Kontakt mit Menschen.
4. Sie hatten alles (unbekannt) _____________ gefragt.
5. Der Brand war (besonders) _____________ an diesem Fall.

Sie legte auf und wandte sich den Polizisten zu. „Ich führe mit einer Kollegin eine Augenarztpraxis. Während der Erziehungszeit helfe ich nur ab und zu aus. Dann muss Jens auf Lara aufpassen. Er müsste in einer halben Stunde hier sein. Er war in der Nähe in einem Großmarkt einkaufen. In seinem Auto befand sich auch ein Teil seiner Fotoausrüstung. Er hat neues Zubehör gekauft. Mein Mann ist übrigens mit einem Mietwagen unterwegs. Ein dunkelgrüner VW Golf …“

„Vielen Dank, Frau Buchholz. Das war sicher nicht ganz leicht. Wir warten in unserem Auto auf Ihren Mann. Sollten wir noch Fragen haben, melden wir uns wieder bei Ihnen. Wenn Ihnen noch etwas einfällt, können Sie mich oder meine Kollegin jederzeit anrufen.“ Otto holte eine Visitenkarte aus der Innentasche seines Parkas und reichte sie der jungen Mutter.

Frau Buchholz nickte nur verzweifelt. Wortlos nahm sie ihre Tochter aus dem Kinderstuhl und führte die Kriminalbeamten zur Haustür.

Als Sandra und Stefan wieder in ihrem Dienstwagen saßen, herrschte nachdenkliches Schweigen.

„Wenn Jens Buchholz wirklich ein Mörder ist, möchte ich nicht in der Haut seiner Ehefrau stecken“, meinte Sandra nach einer Weile. „Eine Augenärztin und ein Fotograf. Ob die beiden sich auch bei einem Fototermin kennengelernt haben? Eine attraktive Frau ist sie ja …“

„Worüber du dir schon wieder den Kopf zerbrichst“, wehrte Otto ab. „Weißt du, was ich merkwürdig finde? Warum verbrennt Buchholz sein Auto und seine Fotoausrüstung, um seine Geliebte umzubringen? Dadurch sind sehr hohe Kosten für ihn entstanden. Das hätte er auch günstiger haben können. Außerdem muss er doch gewusst haben, dass wir den Besitzer des VW Passat ermitteln und die Spur damit eindeutig zu ihm führt.“

„Vielleicht war er zu betrunken, um an die Folgen zu denken“, überlegte Sandra.

„Dann wäre er zum Tatzeitpunkt unzurechnungsfähig gewesen.“

Sandra zuckte die Schultern. „Wie sagst du immer so schön: Lass uns keine voreiligen Schlüsse ziehen.“

„Du hast recht. Dabei fällt mir ein: Wir haben noch gar keine weiteren Fakten aus der Gerichtsmedizin. Ich werde die Wartezeit nutzen und dort anrufen.“

Übung 12: Ordnen Sie zu!

1. Ärztin	a. Er knipst Bilder.
2. Psychologe	b. Er sucht Verbrecher.
3. Sekretärin	c. Sie macht Menschen gesund.
4. Kommissar	d. Er ist ein Arzt für die Seele.
5. Fotograf	e. Sie schreibt Briefe und macht Termine.

Während des Telefonats schaute Sandra aus dem Fenster der Beifahrertür. Was würde es wohl für die kleine Familie bedeuten, wenn Herr Buchholz ins Gefängnis kam? Konnte jemand in einer friedlichen Umgebung leben und gleichzeitig zu einem grausamen Verbrechen fähig sein? Diese Frage hatte sie sich bereits in der Polizeischule immer wieder gestellt. Auch wenn Straftäter oft einem bestimmten Milieu zugeordnet werden konnten, es gab genügend Ausnahmen.

„Die Leiche wurde identifiziert“, riss Otto Sandra aus den Gedanken. Sie sah ihn mit neugierigen Augen an.

„Es handelt sich tatsächlich um Gudrun Gerber. Das Gebiss des Opfers stimmt mit den Angaben aus Frau Gerbers Zahnarztakte überein. Gute Arbeit, Kollegin.“

Sandra nickte stumm. Für sie bedeutete diese Information einen weiteren Beweis der Schuld des Fotografen.

„Ich glaube, da kommt er“, rief Otto plötzlich.

Ein dunkelgrüner Golf fuhr die Auffahrt zum Haus entlang.

Otto sprang aus dem Wagen und lief dem überraschten Fotografen entgegen.

„Guten Tag, Herr Buchholz, Kriminalpolizei. Mein Name ist Stefan Otto.“ Er streckte dem Mann seinen Ausweis entgegen. „Wenn Sie bitte mitkommen würden.“

„Wie bitte? Äh … das geht nicht. Meine Frau wartet …“

„Ihre Frau weiß Bescheid. Kommen Sie bitte, dort steht unser Wagen. Ich erkläre Ihnen in der Dienststelle, worum es geht.“

Verwirrt drehte sich der Fotograf zu seinem Haus um. Hinter einem der Fenster im Erdgeschoss stand seine Frau. Weinend winkte sie ihm zu. Dann trat sie vom Fenster zurück.

„Was soll das?“, fragte der Fotograf. „Was ist hier eigentlich los?“

„Lassen Sie uns in Ruhe in der Dienststelle reden, Herr Buchholz.“

Otto führte den verwunderten Mann zum Wagen und ließ ihn hinten einsteigen.

*Übung 13: Lesen Sie weiter und setzen Sie die Wörter in die Lücken! **(Augen, Vernehmung, Suche, Platz, Pause, Seite, Wagen, Fragen, Reaktion, Beifahrersitz)***

„Bitte nehmen Sie 1. ______________, Herr Buchholz.“ Kommissar Otto schloss die Tür des Verhörzimmers. Sandra stellte sich an

die linke 2. ______________ des Tisches.
Die Fahrt zum Dienstgebäude des Landeskriminalamts war ruhig verlaufen. Der Fotograf hatte zuerst weiter 3. ______________ gestellt. Aber nach ein paar vergeblichen Versuchen hatte er aufgegeben.
„Wir haben Ihren Wagen gefunden“, eröffnete der Kommissar die 4. ______________ .
„Meinen Wagen? Was für ein Glück. Seit zwei Tagen bin ich auf der 5. ______________ danach. Ist er in Ordnung?“
Otto zog die Augenbrauen zusammen. Das war nicht die 6. ______________ , die er erwartet hatte.
„Der 7. ______________ wurde verbrannt“, antwortete Otto.
„Oh nein …“ Der Fotograf rieb sich die 8. ______________ .
„Auf dem 9. ______________ saß eine junge Frau.“
Otto machte eine 10. ______________ und legte das Foto auf den Tisch.

„Gudrun Gerber. Sie beide kannten sich doch gut, oder?“
„Was?! Gudrun? Sie saß drin …? Ich meine … Sie sagten doch, mein Auto sei verbrannt.“
„Herr Buchholz, warum sagen Sie uns nicht, was am Dienstagabend geschehen ist. Gudrun Gerber ist tot. Sie kann uns nichts mehr erzählen.“
„Das darf nicht wahr sein! Mein Auto, meine Fotoausrüstung, das ist mir alles egal. Aber nicht Gudrun … nein … “
„Beruhigen Sie sich erst einmal. Soll ich Ihnen einen Kaffee bringen? Oder ein Mineralwasser?“, griff Sandra ein.
Mit trüben Augen sah der Fotograf auf. „Einen Kaffee bitte … schwarz.“
Sandra verließ das Verhörzimmer.
Otto ging unruhig auf und ab. Wenn der Fotograf kein ausgezeich-

neter Schauspieler war, dann hatte er eben zum ersten Mal vom Tod Gudrun Gerbers gehört.
„Wir finden den Mörder. Darauf können Sie sich verlassen“, warf er in den Raum. Dabei schloss er keinesfalls aus, dass auch der Fotograf der Täter sein könnte. Er hatte schon genügend Verdächtige vernommen, die vorgaben, unschuldig zu sein.
In diesem Moment kam Sandra mit einem dampfenden Kaffeebecher zurück. Sie stellte ihn vor Buchholz ab und lehnte sich an die Tischkante.
„Nun erzählen Sie mal“, forderte Otto den Fotografen auf.
„Dienstagabend war ich mit Gudrun im *Moon* verabredet. Wir kannten uns von einem Fototermin. Ich hatte sie auch ein paar Mal in meinem Studio fotografiert. Sie war sehr nett. Wir haben uns gut verstanden.“
„Hatten Sie ein Verhältnis mit Frau Gerber?“, hakte Otto nach.
„Ich würde es eher eine lockere Freundschaft nennen.“
„War diese ‚Freundschaft‘ auch sexueller Natur?“
„Wir haben vielleicht drei- oder viermal miteinander geschlafen. Das war nichts Besonderes.“
„Sie sind verheiratet, haben eine kleine Tochter und nebenbei sexuelle Kontakte zu anderen Frauen. Und Sie sagen, das sei nichts Besonderes?“ Diesmal brauste Sandra auf. „Wissen Sie, was ich von Männer wie Ihnen halte …“
„Das tut jetzt nichts zur Sache“, unterbrach Otto seine aufgebrachte Kollegin.
„Sie waren also nicht verliebt in Frau Gerber und hatten auch nicht vor, Ihre Frau für sie zu verlassen.“
„Wo denken Sie hin? Ich würde meine Frau niemals verlassen. Deshalb hatte ich mit Gudrun auch Streit am Dienstagabend. Scheinbar erwartete sie mehr von unseren Treffen als ich. Zumindest mehr, als ich ihr geben konnte. Ich hatte mich an diesem Abend nicht unter Kontrolle. Ich trank ein Bier nach dem anderen.

Gudrun redete die ganze Zeit auf mich ein. Irgendwann hat mich das nicht mehr gestört. Während ich immer betrunkener wurde, wurde sie immer wütender. Schließlich hat sie mir meinen Autoschlüssel weggenommen und ist aus der Bar gerannt."

„Soweit decken sich Ihre Ausführungen mit den Zeugenaussagen. Was ist dann passiert?"

„Daran kann ich mich nicht mehr genau erinnern …"

„Soll ich Ihnen vielleicht auf die Sprünge helfen?" Otto blieb vor dem Tisch stehen. Er sah dem Fotografen direkt in die Augen. „Sie haben fröhlich weitergetrunken. Dann haben Sie drei junge Frauen angesprochen und ihnen Ihre Visitenkarten gegeben. Erst als der Barkeeper Sie bat zu gehen, haben Sie die Bar verlassen. Sie haben nach Ihrem Auto gesucht, es aber nicht gefunden. Weil es ohne Wagen zu weit bis zu Ihnen nach Hause war, sind Sie mit dem Taxi zu Ihrem Fotoatelier gefahren. Dort wartete Gudrun schon auf Sie. Sie drohte damit, alles Ihrer Frau zu erzählen. Es kam erneut zum Streit. Sie haben die Studentin bewusstlos geschlagen und sind mit ihr auf dem Beifahrersitz ziellos durch die Straßen gefahren. Während dieser Zeit haben Sie beschlossen, Gudrun ein für alle Mal zu beseitigen. Deshalb haben Sie Ihren Wagen angezündet. Können Sie sich jetzt wieder erinnern?"

„Nein … äh … ja …, aber so war es nicht. Ich bin aus der Bar gestolpert und habe tatsächlich nach meinem Wagen gesucht. Aber mir ist sofort wieder eingefallen, dass Gudrun meinen Autoschlüssel hatte. Sie war mit meinem Auto weggefahren, um mir eins auszuwischen. Also habe ich mir ein Taxi genommen und bin in mein Atelier gefahren. Auch das stimmt. Dort habe ich übernachtet und gleich am nächsten Morgen meine Frau angerufen. Sie sollte sich keine unnötigen Sorgen machen. Gudrun habe ich nach ihrem Verschwinden aus der Bar nicht wiedergesehen, das müssen Sie mir glauben."

Übung 14: Machen Sie mithilfe des Wortes in Klammern aus den beiden Sätzen einen. Denken Sie an die Zeitenfolge und benutzen Sie auch das Plusquamperfekt!

1. (Nachdem) Er stritt sich mit Gudrun. Er trank weiter.

____

2. (Nachdem) Gudrun fuhr weg. Er nahm ein Taxi.

____

3. (Bevor) Er fuhr ziellos durch die Stadt. Er zündete den Wagen an.

____

4. (Bevor) Er ging zur Polizei. Er stellte Gudrun zur Rede.

____

„Das ist schwer zu glauben, Herr Buchholz." Otto ließ nicht locker. „Warum haben Sie Ihrer Frau gegenüber behauptet, zur Polizei zu gehen? Wir haben unter den als gestohlen gemeldeten Fahrzeugen keinen schwarzen VW Passat gefunden."

„Ich wusste doch, dass mein Wagen nicht gestohlen war. Gudrun hatte ihn. Doch das hätte ich meiner Frau nicht sagen können. Weil ich nicht wusste, wann ich mein Auto wiederbekomme, habe ich m[illegible] Frau lieber gleich erzählt, das es gestohlen wurde und ich zur Polizei gehen würde. So hatte ich genügend Zeit, Gudrun zur Rede zu stellen."

„Soll das heißen, Sie waren am Mittwoch bei Gudrun?"

„Natürlich, ich wollte meinen Wagen und die Autoschlüssel zurückhaben. Aber sie war nicht da. Lena sagte, dass sie gar nicht nach Hause gekommen sei."

„Moment Mal, Sie haben mit Lena Schwarz gesprochen? Kannten Sie Gudruns Mitbewohnerin schon vorher?" Otto warf Sandra einen überraschten Blick zu.

„Ja, ich traf sie zum ersten Mal vor ein paar Wochen auf einer Party, zusammen mit Gudrun. Ich hätte sie aber lieber nicht kennen-

gelernt", antwortete der Fotograf. „Diese Frau ist nicht ganz richtig im Kopf. Sie wollte unbedingt, dass ich Fotos von ihr mache. Aber ich fotografiere nicht nur zum Spaß. Schon gar nicht Frauen wie sie. Aber davon wollte sie nichts wissen. Sie stand sogar ein paar Mal bei mir vor dem Fotostudio und hat mich auf offener Straße angeschrien."
Otto fielen sofort die Worte der neugierigen Nachbarin Frau Bauer wieder ein. Demnach war die Frau, die sie beobachtet hatte, Lena Schwarz gewesen. Warum hatte die Studentin in Bezug auf den Fotografen gelogen? Er musste unbedingt mehr erfahren.
„Das ist sehr interessant, Herr Buchholz", sagte er. „Frau Schwarz behauptet nämlich, Sie noch nie gesehen zu haben. Sie hat uns gegenüber erklärt, dass Sie nicht einmal Ihren Namen kennt. Finden Sie das nicht eigenartig?"
„Ich bin kein Psychologe, Herr Kommissar. Aber wie ich schon sagte, mit dieser Frau stimmt etwas nicht. Am Mittwoch hat sie mich zuerst gar nicht erkannt. Zumindest hat sie so getan. Sie hat immerzu wiederholt, dass Gudrun nicht nach Hause gekommen sei. Dann hat sie mich gefragt, was ich ihr angetan habe. Sie wurde immer lauter. Irgendwann wurde mir das zu viel. Ich bin gegangen. In der Uni habe ich Gudrun auch nicht gefunden. Ich habe ziemlich lange vor dem Lehrgebäude gewartet. Gudrun ist nicht aufgetaucht. Ich suche sie nun schon seit zwei Tagen. Und dann tauchen Sie plötzlich auf, fangen mich vor meinem Haus ab und erzählen mir, Gudrun sei in meinem Wagen …" Der Fotograf konnte nicht weitersprechen.
Kommissar Otto winkte seine Kollegin zur Tür des Verhörraums.
„Was meinst du?", fragte er leise. „Könnte Gudruns Mitbewohnerin etwas mit der Sache zu tun haben?"
„Möglich wäre es. Oder Gudrun hat den Wagen aus Verzweiflung selbst in Brand gesteckt", flüsterte Sandra.

„Herr Buchholz soll hier auf uns warten. Wir fahren in der Zwischenzeit zu Frau Schwarz. Mal sehen, was wir noch aus ihr herausbekommen. Sollten die beiden unter einer Decke stecken, müssen wir für eine Gegenüberstellung sorgen."
Sandra war einverstanden.
Laut sagte der Kommissar: „Frau Kling und ich müssen noch eine Zeugin aufsuchen. Sie warten hier. Wir schicken Ihnen gleich einen Kollegen."
„Können Sie mich denn ohne Haftbefehl hier festhalten?", rief der Fotograf.
„Sie stehen noch immer unter dringendem Tatverdacht. Ihre Geschichte klingt zwar glaubwürdig, muss aber nicht der Wahrheit entsprechen. Das werden wir noch ermitteln. Bis später, Herr Buchholz."

Otto klingelte mehrmals an der Tür. Er und Sandra hörten schlurfende Schritte. Dann wurde die Tür einen Spaltbreit geöffnet.
„Was wollen Sie?", fragte Lena Schwarz.
„Wir wollen noch einmal mit Ihnen reden. Erinnern Sie sich nicht an unseren Besuch heute Vormittag? Stefan Otto ist mein Name. Ich bin von der Kriminalpolizei."
„Ach ja", sagte die Studentin matt und ließ die beiden Beamten in die Wohnung.
Die Tür zum Badezimmer stand weit offen. Ein bunter Wäscheberg lag zerwühlt vor der Waschmaschine.
„Bitte entschuldigen Sie das Chaos. Ich wollte gerade Wäsche waschen. Irgendwie muss ich mich ablenken. Sonst denke ich andauernd an Gudrun. Wissen Sie, es ist so still in der Wohnung, seit sie weg ist." Lena seufzte.
„Frau Schwarz, wir haben gerade mit Herrn Buchholz gesprochen. Sagt Ihnen der Name etwas?", kam Otto gleich zur Sache.

Übung 15: Fügen Sie die beiden Sätze mit ***aber*****,** ***denn*** *oder* ***und*** *zu einem Satz zusammen!*

1. Sie gehen zu Lena Schwarz. Sie wollen sie verhören.

___

___

2. Die Tür zum Bad stand offen. Sie konnten einen Berg Wäsche sehen.

___

___

3. Gudrun schleppte Männer an. Lena hatte so die Möglichkeit, welche kennenzulernen.

___

___

4. Lena behauptet, den Namen von Gudruns Liebhaber nicht zu kennen. Das ist falsch.

___

___

„Meinen Sie Jens Buchholz, den Fotografen?“
„Das ist aber interessant. Plötzlich fällt Ihnen der Name des Liebhabers Ihrer Freundin wieder ein.“
Lena Schwarz runzelte die Stirn. Offenbar konnte sie sich nicht mehr daran erinnern, was sie am Vormittag ausgesagt hatte.
„Nun rücken Sie mal heraus mit der Sprache. Was ist in der Nacht vom Dienstag zum Mittwoch wirklich passiert? War Gudrun nach ihrer Verabredung in der Bar hier? Hat Buchholz sie vielleicht später noch in ihrer Wohnung aufgesucht? Wir wissen, dass sie mit seinem Wagen unterwegs war. Außerdem hat ein Zeuge berichtet, dass Herr Buchholz sehr betrunken gewesen ist.“

Lena setzte sich auf den einzigen Stuhl in der Küche. Ihre Augen bekamen einen feuchten Glanz.

Übung 16: Setzen Sie das richtige Reflexivpronomen ein!

1. Sie hat ________ in ihn verliebt.
2. Wir stritten ________ immer heftiger.
3. Gudrun bewegte _______ nicht.
4. Ich habe ________ nicht noch einmal umgeschaut.
5. Am besten, Sie beruhigen ________ erst einmal.
6. Er wünschte ________, Sandra würde neben ihm sitzen.
7. Ihr solltet ________ um die anderen Zeugen kümmern!
8. Du kannst ________ auf deine Kollegen verlassen.
9. Sie verpassten ________ um wenige Minuten.

„Dieser verdammte Fotograf“, begann sie. „Er hat alles kaputt gemacht. Sehen Sie mich an! Sehe ich aus wie die Freundin eines Modells? Wir waren eine Zweckgemeinschaft. Gudrun schleppte Männer an und ich bezahlte die Miete. Wir haben tolle Partys hier gefeiert. Und auch ich hatte so die Möglichkeit, den einen oder anderen netten Mann näher kennenzulernen. Bis Jens kam. Ich habe keine Ahnung, was Gudrun an diesem arroganten Kerl so anziehend fand. Aber sie hat sich unsterblich in ihn verliebt. Ich habe sie gewarnt, von Anfang an. Schließlich ist er verheiratet. Aber sie wollte nicht auf mich hören. Sie hat sich nur noch mit ihm getroffen. Wenn er keine Zeit hatte, saß sie frustriert zu Hause rum. Auf Partys hatte sie irgendwann auch keine Lust mehr. Sie wollte sogar, dass er seine Familie für sie verlässt. Am Dienstagabend wollte sie mit ihm darüber reden. Ich wusste gleich, dass er das niemals tun würde. Gegen Mitternacht kam sie sehr wütend nach Hause. Ich war noch wach und wollte sie beruhigen. Aber ich konnte es nicht …“ Lena holte tief Luft.

„Ist Herr Buchholz in dieser Nacht hier aufgetaucht? Reden Sie weiter“, forderte Otto die Studentin auf.

Lena starrte die beiden Beamten mit funkelnden Augen an. „Er war es!“, sagte sie plötzlich. „Er hat sie umgebracht!“

Sandra flüsterte Otto schnell etwas ins Ohr. Frau Schwarz konnte gar nicht wissen, dass Gudrun tot war. Zumindest hatten die beiden Polizisten noch nicht mit ihr darüber gesprochen.

„Sie glauben also, dass Gudrun tot ist“, spielte Otto den Unwissenden.

„Sie ist meine beste Freundin! Sie muss tot sein, sonst hätte sie sich bei mir gemeldet. Da bin ich ganz sicher …“

„Und Sie glauben, dass Jens Buchholz Gudrun etwas angetan hat?“, fragte Otto weiter.

„Wer denn sonst? Wurde sie nicht in seinem Wagen gefunden?“ Lena hielt sich erschrocken die Hand vor den Mund. Erst jetzt schien sie wieder bei klarem Verstand zu sein. „Ich … ich …“, stammelte sie.

Otto fuhr sich mit der Hand durch seine kurzen Haare. „Frau Schwarz“, begann er mit ruhiger Stimme, „wenn Sie uns die Wahrheit sagen wollen, dann wäre jetzt der richtige Zeitpunkt dafür.“

Sandra hielt den Atem an. War Lena Schwarz die Mörderin? Waren sie die ganze Zeit auf der falschen Spur gewesen?

„Entschuldigen Sie mich für einen Moment“, wisperte die Mitbewohnerin und ging aus der Küche. Sandra sprang ihr schnell hinterher.

Lena hockte sich im Bad neben den Wäscheberg und zog einen gelben Pulli daraus hervor. Sie drehte sich um und reichte ihn der Kriminalbeamtin.

Überrascht nahm Sandra das Kleidungsstück entgegen.

Es war blutbefleckt.

Übung 17: Setzen Sie die im folgenden Absatz unterstrichenen Verben in den Infinitiv!

Lena (1.) ging zurück in die Küche und (2.) begann mit monotoner Stimme zu sprechen: „Gudrun (3.) kam gegen Mitternacht nach Hause. Sie (4.) war sehr aufgebracht. Sie schimpfte auf den Fotografen und (5.) wurde auch mir gegenüber ausfallend. Wir (6.) stritten immer heftiger. Dann ging sie. Ich (7.) rannte ihr hinterher. Sie (8.) saß schon in seinem Auto, als ich unten ankam. Ich (9.) riss die Fahrertür auf. Sie wollte die Tür wieder zuschlagen. Ich drängte sie zurück und begann, auf sie einzuprügeln. Sie wehrte sich. Meine Schläge wurden immer heftiger. Ich (10.) schlug und schlug. Plötzlich sackte ihr Körper zusammen. Sie blutete im Gesicht. Erst jetzt bemerkte ich, dass auch mein Pulli voller Blut war. Ich (11.) schob sie auf den Beifahrersitz und startete den Wagen. Ich wusste nicht, wohin ich fahren sollte. Ich lenkte einfach drauflos. Gudrun bewegte sich nicht. Irgendwann kam ich in Pankow an. Ich (12.) hielt vor einem stillgelegten Firmengelände. Erst in diesem Moment wurde mir klar, dass ich einen Mord begangen hatte. Und daran war nur Jens Buchholz schuld! Er sollte dafür büßen. Ich (13.) brach das Tor auf und (14.) fuhr mit seinem Wagen auf das Gelände. Eigentlich wollte ich dann einfach gehen. Doch aus irgendeinem Grund schaute ich in den Kofferraum. Dort (15.) fand ich mehrere Benzinkanister. Ohne darüber nachzudenken, schüttete ich die Flüssigkeit über das Auto und zündete es an. Dann ging ich nach Hause. Ich schaute mich nicht noch einmal um. Ich (16.) lief bis zum Morgengrauen. Als ich in der Wohnung ankam, war es bereits hell geworden.

Gudrun war nicht da. Ich musste sie als vermisst melden. Ich (17.) rief die Polizei an …“

Sandra war sprachlos.
Auch Otto fand nur schwer die richtigen Worte in diesem tragischen Fall.
„Frau Schwarz“, sagte er leise. „Sie wurden erst zur Mörderin, als Sie den Wagen in Brand gesteckt haben. Ihre Freundin war nur bewusstlos. Sie ist an einer Rauchvergiftung gestorben.“
Er machte eine Pause und sah der Studentin in die glasigen Augen. Sie hatte sich so stark auf die Unterlippe gebissen, dass es leicht blutete. Ihr Gesicht war bleich und ausdruckslos.
Sandra reichte ihr schnell ein Taschentuch. Doch Lena griff nicht danach.
„Kommen Sie“, sagte Otto seufzend.
Die beiden Kriminalbeamten hakten die junge Frau unter und verließen mit ihr die Wohnung.

Jens Buchholz war fassungslos. Er konnte kaum glauben, was er soeben von Kommissar Otto über die Umstände des Mordes an Gudrun Gerber erfahren hatte. Das Verhörzimmer kam ihm plötzlich eng und stickig vor. Er atmete schwer.
„Wir bringen Sie jetzt nach Hause, Herr Buchholz. Sie sollten sich ein paar Tage freinehmen und in Ruhe mit Ihrer Frau reden“, sagte Otto.
„In meinen Augen tragen Sie eine Mitschuld. Laut Gesetz können Sie dafür jedoch nicht zur Verantwortung gezogen werden“, fügte Sandra verbittert hinzu.
„Das können Sie mir nicht vorwerfen. Woher hätte ich wissen sollen, dass so etwas Furchtbares geschieht …“, wehrte sich der Fotograf. Er erhob sich von seinem Stuhl.

„Wie kann ich das jemals mit meinem Gewissen vereinbaren?", fügte er tieftraurig hinzu. „Was sage ich meiner Frau? Wird sie mir verzeihen können? Wie konnte das alles nur passieren?"

„Und was sagen wir den Eltern des Opfers und den Eltern der Täterin …"

Otto unterbrach Sandra mitten im Satz und führte sie zur Tür.

„Herr Buchholz ist schon genug gestraft", flüsterte er seiner Kollegin zu. „Ich bringe ihn nach Hause. Du machst am besten Feierabend."

Sandra warf dem Fotografen noch einen letzten Blick zu. Dann verschwand sie aus dem Verhörzimmer.

Kommissar Otto setzte den Fotografen vor seinem Einfamilienhaus ab. Es dämmerte bereits.

Während der Fahrt hatten die beiden Männer kein Wort gewechselt. Jetzt wünschte Otto sich, dass Sandra neben ihm sitzen würde.

Er schaute aus dem Beifahrerfenster. Jens Buchholz stand reglos und mit gesenktem Kopf vor der Haustür. Hatte er die Kraft, seiner Frau alles zu erzählen?

Otto wollte nicht weiter darüber nachdenken. Er startete den Wagen und fuhr davon.

Sprung in den Tod

Es war ein klarer kalter Samstagmorgen. Die Wintersonne strahlte vom Himmel herab. Die ersten Frühstücksgäste betraten gut gelaunt die gemütlichen Cafés. Doch von der fröhlichen Stimmung war in einem Berliner Hinterhof in Friedrichshain nichts zu spüren. Ein junger Mann lag mit dem Gesicht nach unten auf dem Rasen neben den Mülltonnen. Seine Arme und Beine waren unnatürlich verrenkt. Der junge Mann war tot.

Der Hausmeister hatte ihn gefunden, als er vom Bäcker zurückgekommen war. Er hatte sofort mit seinem Handy die Polizei informiert.

Kriminalkommissar Otto war bereits vor Ort. Er zog den Reißverschluss seines dunkelgrünen Parkas hoch. Sein Blick wanderte die Hausfassade hinauf. Ganz oben im Dachgeschoss stand eine Balkontür weit offen. Von dort musste der junge Mann gesprungen sein. Oder er war hinuntergestoßen worden.

Horst Reinecke von der Spurensicherung hockte neben dem Toten. Er hatte schon erste Fotos gemacht und die Leiche untersucht. Jetzt steckte er die Umrisse ab.

„Wie lange liegt der Mann schon hier?“, fragte Otto.

„Der Sturz kann noch nicht lange her sein“, antwortete Reinecke. „Er ist noch keine Stunde tot.“

! ÜBUNG 1

Übung 1: Setzen Sie im Folgenden hinter die Präpositionen die Artikel oder Personalpronomen aus den Klammern in der richtigen Form in die Lücken!

Otto sah auf (1. sein) ________ Uhr. Es war kurz nach neun Uhr. Vor dreißig Minuten hatte er zu Hause den Anruf aus (2. die) ________ Dienststelle bekommen. Der Unglücksort lag nur ein paar Straßen von (3. sein) ________ Wohnung entfernt. Er war zu Fuß hergekommen.

Otto schlug seinen Notizblock auf und trat auf (4. der) ________ Hausmeister zu.

„Ich würde Ihnen gern noch ein paar Fragen stellen, Herr Krause", sprach er den Mann an.

Der Hausmeister nickte mit zusammengekniffenen Lippen. Er hatte noch immer die Tüte mit (5. die) ________ Brötchen in (6. die) ________ Hand.

„Ist Ihnen irgendetwas Ungewöhnliches aufgefallen, als Sie das Haus vorhin verlassen haben?"

„Nein, es war alles wie immer", antwortete Herr Krause.

„Haben Sie Stimmen gehört, vielleicht einen Streit?"

„Nein." Der Hausmeister legte die Stirn in Falten. „Es war sehr kalt und ich wollte schnell zu (7. der) ________ Bäcker. Ich habe mich auf ein ausgiebiges Frühstück mit (8. mein) ________ Familie gefreut. Bis ich zurückkam …"

„Ich verstehe", sagte Otto. „Haben Sie bei (9. Ihr) ______ Rückkehr vielleicht jemanden auf dem Hof gesehen, den Sie nicht kannten?"

„Es war niemand auf (10. der) ________ Hof. Ich bin zu (11. der) ________ Haustür gelaufen und habe einen Schuh hinter (12. die) ________ Mülltonne hervorschauen sehen. Ich bin hingegangen und da lag er …"

Otto sah kurz in seinen Notizblock. „Tobias Wöllner heißt der Mann, richtig?"

„Ja, das stimmt", bestätigte der Hausmeister.

„Was wissen Sie über Herrn Wöllner?"

„Er wohnt erst seit ein paar Monaten hier. Er war ein unauffälliger Nachbar. Er hat zu Hause gearbeitet. Ich glaube, er war Journalist oder etwas Ähnliches."

„Hat er Ihnen das erzählt?“
„Nein, er war nicht sehr gesprächig, aber immer höflich. Nur neulich ist er mit dem Handy am Ohr an mir vorbeigelaufen. Er hat mich gar nicht wahrgenommen, so vertieft war er in das Telefongespräch. Ich habe ein paar Wortfetzen aufgeschnappt. Er sagte etwas von einem Artikel, den er schreiben wolle und von Recherchen, die er fast abgeschlossen habe.“
Otto kritzelte ein paar Stichpunkte in seinen Notizblock.
„Hallo, Stefan!“, rief plötzlich eine Frauenstimme. Sandra hatte den Innenhof betreten und kam direkt auf Otto und den Hausmeister zu.
„Tut mir leid“, entschuldigte sie sich. „Schneller ging es nicht.“
Der Kommissar winkte ab.
„Das ist Sandra Kling, meine Kollegin“, stellte er sie dem Hausmeister vor. „Ich befrage gerade Herrn Krause. Er hat den Toten gefunden.“
Sandra begrüßte den Mann. „Ich gehe erst einmal rüber zu Reinecke. Dann können wir uns gleich in der Wohnung umsehen“, sagte sie.
„Wir müssen noch auf den Schlüsseldienst warten“, rief Otto ihr nach.
„Das müssen Sie nicht“, meinte Herr Krause. „Die Hausverwaltung hat für jede Wohnung einen Schlüssel. Ich bewahre sie für Notfälle auf. Sie können sich gar nicht vorstellen, was hier schon für Leute gewohnt haben.“
Otto machte ein verwundertes Gesicht.
„Die Mieter wissen natürlich darüber Bescheid“, fügte der Hausmeister hastig hinzu. „Ohne Genehmigung betrete ich keine Wohnung.“
Jetzt kam Sandra zurück. „Bisher gibt es keine Anzeichen dafür, dass der Mann hinuntergestoßen wurde. Auch in seinen Taschen

hat Reinecke nichts gefunden, was Aufschluss über die Umstände seines Todes geben könnte. Wenn wir in der Wohnung ebenfalls keine verdächtigen Spuren finden, müssen wir wohl von Selbstmord ausgehen."
„Dann holen Sie mal den Schlüssel, Herr Krause", forderte Otto den Hausmeister auf.
Eilig verschwand der Mann im Haus.
Otto schaute sich im Hof um. „Es ist nur eine Frage der Zeit, bis die anderen Mieter auf das Geschehen aufmerksam werden. Reinecke soll sich beeilen und die Leiche abtransportieren lassen."
„Alles schon veranlasst", meldete sich Reinecke zu Wort. Er stand inzwischen neben Otto und zog sich seine Schutzhandschuhe aus.
„In fünf Minuten ist ein Wagen hier."
„Sehr gut, Reinecke. Die Gerichtsmedizin soll uns über die Untersuchungsergebnisse auf dem Laufenden halten. Wir sehen uns jetzt in der Wohnung um."

Nachdem der Tote weggebracht worden war, betraten Sandra, Stefan und Horst Reinecke die Wohnung des Verstorbenen. Herr Krause hatte ihnen den Schlüssel ausgehändigt und war enttäuscht gegangen. Zu gern hätte auch er einen Blick in die Zimmer geworfen. Doch das hatte Otto nicht zugelassen.
In dem engen Flur stand eine alte Kommode. Daneben lagen abgenutzte Sportschuhe. Auch die braune Jacke an dem klapprigen Garderobenständer hatte schon bessere Tage gesehen.
Otto und seine Kollegen betraten die Küche. Durch die offene Balkontür strömte ihnen die frische Morgenluft entgegen. Der Raum war nur spärlich eingerichtet. In der Spüle stapelten sich verschmutzte Kaffeebecher und Teller. Nichts deutete auf einen unerwünschten Besucher oder einen Kampf hin.

Übung 2: Welches Wort passt nicht?

1. verstorben, tot, entschlafen, lebendig ____________
2. verbraucht, frisch, abgenutzt, alt ____________
3. gestreift, kariert, blau, gepunktet ____________
4. gründlich, genau, sorgfältig, oberflächlich ____________

Otto ging auf den Balkon hinaus und sah nach unten. Dort, wo Tobias Wöllner neben den Mülltonnen aufgeschlagen war, erinnerten nur noch die Markierungen der Spurensicherung an den schmerzhaften Tod des jungen Mannes.

‚Hatte denn niemand den Sturz bemerkt?', fragte sich Otto. Wenn Wöllner nicht geschrien hatte, musste es doch zumindest einen hörbaren Aufprall gegeben haben. Doch alle Fenster der anderen Wohnungen waren geschlossen. Otto nahm sich vor, später alle Nachbarn zu befragen.

„Hier ist etwas", riss Reinecke den Kommissar aus seinen Gedanken. Er stellte den Koffer mit seiner Ausrüstung ab und nahm den Fotoapparat zur Hand. Otto drehte sich zu ihm um. Auch Sandra kam neugierig näher.

„Ein kleines rotes Stück Stoff hängt an einem Nagel am Balkontürrahmen", erklärte Reinecke. Mehrmals drückte er auf den Auslöser seiner Kamera.

„Der Tote trug einen blauen Pullover und schwarze Jeans. Wenn wir keine Kleidung in der Wohnung finden, die zu diesem Stofffetzen passt, könnte das ein erster Hinweis auf eine zweite Person sein."

„Ich schaue gleich mal im Schlafzimmer nach", sagte Sandra und verließ die Küche.

„Gut gemacht, Reinecke", lobte Otto seinen Kollegen von der Spurensicherung. „Suchen Sie am besten hier noch weiter. Ich gehe ins Wohnzimmer."

Schon der erste Blick in das Wohnzimmer verriet Otto, dass hier etwas nicht stimmte. Der lange Schreibtisch an der Wand war mit beschriebenen Blättern übersät. Sogar auf dem Boden lag Papier. Der Drucker war vom Kabel abgerissen und sämtliche Schubladen standen offen. Sie waren durchwühlt worden oder sogar leer. Und dann fiel Otto noch etwas auf: Nirgends war ein Computer oder ein Laptop zu sehen.

„Keine roten Kleidungsstücke … oh … hier hat wohl jemand etwas gesucht", sagte Sandra, die gerade aus dem Schlafzimmer kam.

„Und er muss es ziemlich eilig gehabt haben", fügte Reinecke von der Türschwelle aus hinzu. Er hielt noch immer seinen Fotoapparat in der Hand.

Otto strich sich mit der Hand über den Kopf. Er überlegte.

„Es gibt zwei Möglichkeiten", begann er. „Jemand hat sich Zutritt zur Wohnung verschafft und alles durchsucht. Wöllner kam nach Hause und hat ihn dabei überrascht. Oder jemand verlangte etwas von Wöllner, was er nicht herausgeben wollte. Es kam zum Streit und Wöllner wurde vom Balkon gestoßen. Der Täter musste schnell verschwinden, deshalb hat er alles hastig durchsucht."

„Und was wäre, wenn Wöllner selbst dieses Chaos angerichtet hat?", fragte Sandra. „Selbstmörder kommen auf die unglaublichsten Ideen vor der Tat."

Übung 3: Korrigieren Sie die Kleinschreibung in den folgenden beiden Absätzen, wenn nötig!

„das halte ich für unwahrscheinlich", gab otto zurück. „schließlich gibt es keinen abschiedsbrief und es fehlt ein ganz wichtiges arbeitsgerät für einen journalisten: ein computer oder laptop. ein telefon oder ein handy ist auch nicht zu sehen. wir müssen heraus-

finden, woran tobias wöllner gearbeitet hat. vielleicht ist er bei seinen recherchen auf etwas gestoßen, was nicht an die öffentlichkeit sollte. lasst uns alles gründlich durchsuchen. reinecke, sie rufen am besten verstärkung. vielleicht finden wir fingerabdrücke. die ganze wohnung muss danach abgesucht werden. sandra, du stellst ein team zusammen, das mit dir die nachbarn befragt. ich bin mir sicher, hier hat ein verbrechen stattgefunden."
während sandra und horst reinecke kurz telefonierten, wandte sich otto den papieren zu. kurze artikel zu belanglosen themen, kaum lesbare notizen und rechnungen lagen zum teil zerrissen und völlig durcheinander auf dem schreibtisch herum. auch auf dem fußboden fand otto nichts verdächtiges. doch dann entdeckte er in der hintersten ecke unter dem schreibtisch einen papierkorb. er holte ihn hervor. der korb war fast bis zum rand mit unzähligen papierschnipseln gefüllt.

„Das nehmen wir alles mit und lassen es zusammensetzen", sagte Otto. Er ging zu Reineckes Koffer und nahm sich eine Plastiktüte. Als er die Papierschnipsel in die Tüte kippte, fiel auch ein zerknüllter Zettel heraus. Otto strich ihn glatt und las laut vor: „Nora – Alex, Samstag, 19.02., 11.00 Uhr."
„Ein Treffen?", fragte Sandra. Sie schaute Otto über die Schulter.
„Ja, und zwar heute", erwiderte Otto. Er sah auf seine Uhr. „Es ist noch eine knappe Stunde Zeit. Wenn wir davon ausgehen, dass ‚Alex' kein Name, sondern der Treffpunkt ist, wollte sich Wöllner heute mit einer Frau namens Nora am Alexanderplatz treffen. Wen hast du für die Befragung angerufen?"
„Hackmeier und Schiemann", sagte Sandra.
„Sehr gut, die beiden sollen die Nachbarn ohne dich befragen. Reinecke, Sie sagen ihnen Bescheid, wenn sie hier sind. Und suchen Sie alles weiter gründlich ab. Ich melde mich später bei Ihnen. Wir fahren zum Alex."

Der Alexanderplatz war wie erwartet sehr belebt. Überall wimmelte es von Menschen. Nicht nur Berliner waren unterwegs, um ihre Samstagseinkäufe zu erledigen. Vor allem Touristen bevölkerten den Platz. Viele von ihnen waren auf dem Weg zum nahe gelegenen Fernsehturm.

„Wie sollen wir hier eine Frau finden, deren Aussehen wir nicht einmal kennen", seufzte Sandra.

„Einer der zentralen Punkte auf dem Alex ist die Weltzeituhr. Dort sollten wir uns zuerst umsehen. Achte auf Personen, die so aussehen, als ob sie auf jemanden warten."

„Du lässt dich wirklich nicht entmutigen", sagte Sandra.

Doch Otto hörte diesen Satz gar nicht mehr. Er war schon längst auf dem Weg zur Weltzeituhr und schaute sich dabei aufmerksam auf dem großen Platz um.

Übung 4: Perfekt mit ***haben*** *oder* ***sein****? Ergänzen Sie!*

ÜBUNG 4 !

1. Sie (Pl.) _______ gelaufen.
2. Die Frau ______ zusammengezuckt.
3. Otto _______ gezischelt.
4. Sie (Sg.) _______ herumgewirbelt.
5. Er _______ nach ihrem Arm gegriffen.
6. Ihr _______ ihn angesprochen.
7. Wir _____ stehengeblieben.
8. Er _____ sie angesprochen.
9. Ihr _______ verschwunden.
10. Es _______ dageblieben.

Eine Mutter mit Kinderwagen lief eilig an ihm vorbei. Ein paar Punks kickten eine Bierdose hin und her. Ein älteres Paar stand in einen Stadtplan vertieft daneben.

Jetzt entdeckte Otto eine junge, dunkelhaarige Frau. Sie sah sehr blass aus. Die Hände steckten in ihren Jackentaschen. Angespannt schaute sie sich nach allen Seiten um. Dabei ging sie langsam auf und ab.
Sandra hatte Otto inzwischen eingeholt.
„Da", zischte er und zeigte auf die junge Frau. „Das könnte sie sein."
Mit ein paar großen Schritten ging er auf sie zu. Die Frau hatte ihm den Rücken zugekehrt.
„Nora?", sprach Otto sie ohne Umschweife an.
Die Frau zuckte zusammen und wirbelte herum. „Wer sind Sie?", fragte sie erschrocken.
In diesem Moment nahm Otto einen Mann in einem langen Mantel und mit einem Hut auf dem Kopf wahr. Er blieb nicht weit von Nora entfernt stehen. Sein Gesicht war von der Hutkrempe verdeckt. Er sah kurz zu Otto und der jungen Frau hinüber. Dann drehte er sich abrupt um und verschwand in der Menge.
„Was wollen Sie von mir? Und woher kennen Sie meinen Vornamen?", meldete sich Nora erneut zu Wort.
Otto griff nach ihrem Arm. „Mein Name ist Stefan Otto, Kriminalkommissar. Das ist meine Kollegin Sandra Kling. Wir haben Ihren Namen von Tobias Wöllner."
„Tobias …? Wo ist er? Warum sind Sie hier … und nicht er?", stammelte die junge Frau.
„Das erklären wir Ihnen in unserer Dienststelle. Kommen Sie bitte mit", antwortete Otto. Sanft zog er Nora am Arm. Mit verzweifelter Miene folgte sie den Beamten.
Otto drehte sich noch einmal nach dem Mann mit dem Hut um. Doch von ihm war nichts mehr zu sehen.

Im Dienstgebäude der Abteilung 1 des Landeskriminalamts führte Otto die junge Frau in sein Büro. Sie wirkte so verängstigt, dass er ihr die bedrückende Atmosphäre des kahlen Verhörraums ersparen wollte.

„Setzen Sie sich doch, Frau … Nora …“, sagte er freundlich und deutete auf einen Stuhl vor seinem Schreibtisch.
„Mein Name ist Nora Wittig. Aber Sie können mich gern weiter mit meinem Vornamen anreden“, erwiderte die junge Frau.
„Gut, Nora. Meine Kollegin bringt Ihnen gleich einen Kaffee. Oder soll es ein kaltes Getränk sein?“
Sandra warf Stefan einen vorwurfsvollen Blick zu. Sie ließ sich nicht gern als Kellnerin behandeln. Entweder sie bot von sich aus etwas an oder Stefan konnte seine Zeugen selbst bedienen.

Übung 5: Ordnen Sie die Wörter zu Sätzen! Beginnen Sie mit dem ersten Wort!

1. Heute im wurde Hinterhof er aufgefunden

____

2. In Sandra mit kam zurück Moment diesem Glas einem Wasser

____

3. Darauf Vorname ihr die Zeit und des Treffens heutigen stand

____

4. Wahrscheinlich Computer hat seinen man entwendet

____

5. Danach sie wortlos starrte leere auf Glas das

____

„Ein Wasser wäre mir lieber“, sagte Nora schwach. Sie schaute Sandra mit große dunklen Augen bittend an.
„In Ordnung“, antwortete die Kriminalbeamtin in versöhnlichem Ton. Aus irgendeinem Grund tat ihr die junge Frau leid.
Otto dachte darüber nach, ob er Nora zuerst nach ihrer Beziehung zu Tobias Wöllner fragen oder sie gleich von seinem Tod unterrichten sollte.

Nora nahm ihm die Entscheidung ab. „Tobias ist etwas zugestoßen, habe ich recht?“, fragte sie mit trauriger Stimme.

„Leider ja. Er wurde heute Morgen im Hinterhof seines Wohnhauses gefunden. Er ist vom Balkon gestürzt.“

Nora hielt sich die Hand vor den Mund. Sie schluchzte.

„Lebt er noch?“, flüsterte sie.

„Nein, er hat den Sturz nicht überlebt. Im Moment gehen wir davon aus, dass ihn jemand hinuntergestoßen hat. Sein Schreibtisch wurde durchsucht. Wahrscheinlich wurde auch sein Computer oder Laptop entwendet. Wir haben einen zerknüllten Zettel in dem Papierkorb in seiner Wohnung gefunden. Darauf stand Ihr Vorname sowie Ort und Zeit des heutigen Treffens. Können Sie uns sagen, warum er Sie treffen wollte und in welcher Beziehung Sie zu Herrn Wöllner stehen?“

In diesem Moment kam Sandra mit einem Glas Wasser zurück.

„Vielen Dank“, sagte Nora leise. Sie trank ein paar Schlucke. „Tobias hatte einen Laptop“, sagte sie dann. Danach starrte sie abwesend auf das halb geleerte Wasserglas.

„Nora?“, sprach Otto sie vorsichtig an. „Es wäre wichtig, dass Sie die Fragen beantworten.“

Sandra wunderte sich sehr über den sanften Ton ihres Kollegen. So hatte sie Stefan noch nie erlebt. Wahrscheinlich rührte ihn das zerbrechlich wirkende Äußere der jungen Frau.

ÜBUNG 6 !

Übung 6: Im folgenden Abschnitt finden Sie zehn Rechtschreibfehler. Korrigieren Sie!

„Natührlich“, antwortete Nora. Sie setzte sich gerade hin und strafte ihre Schultern, als würde sie Kraft sammelen. Dann begann sie zu erzählen: „Ich habe Tobias erst vor ein paar Wochen kennengelernt. Ich arbeite als Verkoiferin im Bio-Markt Burger. Dort tauchte er eines

Tages auf. Er kaufte fast teglich verschiedene Produkte und hatte immer einen lustigen Spruch auf den Lippen. Irgendwann hat er sich mir vorgestellt. Er war sehr nett. Und dann hat er sich plötzlich für das Bio-Fleisch interessiert, dass wir anbieten. Zuerst dachte ich, er sei ein besonders aufmerksamer Kunde wie viele andere auch. Doch seine Fragen wurden immer borender. Er wollte ganz genau wissen, woher wir das Fleisch beziehen, wer es begutachtet und etikettiert. Ich konnte im gar nicht genug Informationen geben. Das kam mir irgendwie merkwürdig vor. Als er meine Reaktion bemerkte, hörte er mit der fragerei auf. Er kam aber weiterhin in den Markt. Und dann fragte er mich aus heiterem Himel, ob ich mit ihm ausgehen würde. Zuerst war ich unsicher, aber dann habe ich doch zugesagt. Er hat mich in ein kleines Café eingeladen und wir haben uns unterhalten. Er hat mir von seinem Beruf als Journalist erzählt, von seiner Recherchearbeit und den Artikeln, die er schon geschrieben hat und die er noch schreiben wollte. Sein aktuelles Thema war ein Bio-Fleisch-Skandal."

Nora kam ins Stocken. Otto machte sich ein paar Notizen.
„War Herr Wöllner deshalb in dem Markt, in dem Sie arbeiten?"
„Ja, aus dem Grund hatte er mir auch diese Fragen gestellt. Er war davon überzeugt, dass mein Chef Fleisch aus polnischer Massentierhaltung billig einkauft, falsch etikettiert und als teures Bio-Fleisch verkauft. Ich wollte das alles gar nicht hören. Ich mochte Tobias inzwischen sehr, aber das konnte ich nicht glauben. Doch er ließ nicht locker. Er zeigte mir sogar schreckliche Fotos von gequälten Rindern …"
Hilflos blickte Nora die beiden Beamten an.
„Und was genau wollte Tobias Wöllner von Ihnen? Sollten Sie etwa für ihn im Markt spionieren?"
Nora seufzte. „Genau das erhoffte er sich. Ich sollte meinen Chef beobachten und ihm mitteilen, wenn ich auf irgendwelche Beweise für seinen Verdacht stoße."

„Warum haben Sie nicht die Polizei informiert?“
„Tobias wollte den Skandal selbst aufdecken. Er wollte Karriere machen und endlich als anerkannter Journalist arbeiten. Bisher hatte er nur gelegentlich Aufträge von verschiedenen Zeitungen bekommen. Manche seiner Artikel wurden sogar abgelehnt. Er hat so lange auf mich eingeredet, bis ich ihm vertraut habe. Er hat mir versichert, dass ich mich nicht in Gefahr begebe. Aber offensichtlich war sein Vorhaben doch gefährlicher, als er es eingeschätzt hatte.“ Jetzt begann Nora zu weinen. „Ich wollte doch nicht, dass so etwas passiert …“, stieß sie hervor.
„Haben Sie denn etwas Verdächtiges herausgefunden?“, wollte Otto wissen.
„Ich habe meinen Chef dabei beobachtet, wie er stapelweise Etiketten ausgedruckt hat. Normalerweise bekommen wir die Ware von den Lieferanten schon fertig beschriftet und zum Teil auch ausgepreist. Ein Etikett habe ich heimlich eingesteckt und Tobias gestern Abend angerufen. Doch er wollte nicht am Telefon mit mir darüber sprechen. Stattdessen schlug er das Treffen heute am Alexanderplatz vor.“
„Haben Sie das Etikett dabei?“, fragte Sandra.
Nora holte einen Briefumschlag aus ihrer Tasche und reichte ihn der Polizistin. Nach einem kurzen Blick auf den Inhalt gab Sandra den Umschlag an Otto weiter. Auch er sah sich das Etikett an. Dann nickte er.
„Wir brauchen den Namen Ihres Chefs, die Adresse des Marktes und Sie als Zeugin“, erklärte Otto.
„Mein Chef heißt Wilfried Burger. Er ist samstags meistens im Markt am Kaiserdamm in Charlottenburg … Damit verliere ich meinen Job“, sagte sie leise. „Tobias habe ich bereits verloren …“ Nora weinte jetzt bitterlich.
„Das hätten Sie sich vorher überlegen müssen“, erwiderte Sandra kühl. Sie konnte nicht verstehen, dass sich die junge Frau in so

eine Sache hatte hineinziehen lassen.
„Keine Sorge", mischte sich Otto ein und reichte Nora ein Taschentuch. „Wenn sich Ihre Aussagen bestätigen, haben Sie zumindest dazu beigetragen, kriminelle Machenschaften aufzudecken. Nur der Weg war nicht der richtige. Für solche Fälle ist die Polizei zuständig und nicht irgendwelche Journalisten. Außerdem haben wir ein Motiv für den Mord an Tobias Wöllner. Sandra, schickst du bitte ein Einsatzteam zum Bio-Markt. Die sollen den Markt schließen und eine Durchsuchung vornehmen. Das ganze Fleisch und alle Etiketten müssen schnellstmöglich beschlagnahmt und untersucht werden. Ein weiteres Team soll zu Herrn Burgers Wohnung fahren. Und sag Bescheid, dass sie auch nach roten Kleidungsstücken suchen sollen. Wir nehmen uns gleich Herrn Burger vor."
Während Sandra das Büro verließ, wandte sich Otto wieder an Nora.
„Wir werden Sie erst einmal hierbehalten. Natürlich nur zu Ihrem Schutz. Ein Kollege wird Ihre Aussage zu Protokoll nehmen. Sie sind ab sofort eine wichtige Zeugin. Versuchen Sie, sich an jedes noch so kleine Detail zu erinnern. Alles kann wichtig sein."
Otto erhob sich. Beruhigend legte er eine Hand auf Noras Schulter.
„Danke", schluchzte sie.
In diesem Moment klingelte das Telefon.
„Otto", meldete sich der Kriminalkommissar.
Der Anruf kam aus der Gerichtsmedizin. Die zuständige Gerichtsmedizinerin teilte Otto mit, dass sie blaue Flecken an den Schultern und am Oberkörper des Opfers gefunden habe. Außerdem hatte sie winzige Hautreste unter den Fingernägeln des jungen Mannes entdeckt. Er musste sich gewehrt haben. Damit stand zweifelsfrei fest, dass Tobias Wöllner tatsächlich vom Balkon gestoßen worden war.

„Können Sie die DNA aus den Hautresten bestimmen?“, wollte Otto wissen. Die Gerichtsmedizinerin bejahte die Frage.
„Arbeiten Sie so schnell wie möglich. Wenn wir Glück haben, überführen wir den Täter damit.“ Der ehrgeizige Kriminalkommissar war sehr zufrieden.

Übung 7: Ergänzen Sie die Tabelle im Infinitiv bzw. in der 3. Pers. Singular!

	Infinitiv	*Präsens*	*Präteritum*	*Perfekt*
1.	können	________	________	________
2.	________	________	________	hat gedurft
3.	________	will	________	________
4.	________	________	sollte	________
5.	müssen	________	________	________
6.	________	________	________	ist gewesen
7.	________	hat	________	________

„Was sollte das denn eben im Büro?“, fragte Otto schroff, als er mit Sandra im Dienstwagen auf dem Weg zum Kaiserdamm war.
„Was meinst du?“, fragte Sandra zurück.
„Du warst sehr unfreundlich zu Nora.“
„Du meinst unsere Zeugin“, sagte Sandra spitz. „Wie kann man so blöd sein und in so einer Sache auf eigene Faust handeln …“
„Nora hat sich vielleicht zu einer Dummheit überreden lassen, aber sie ist nicht blöd“, konterte Otto.
Sandra verschlug es für einen Moment die Sprache.
„Sie gefällt dir, oder? Sie wirkt so unschuldig, so hilflos. Sie braucht einen starken Beschützer“, äffte sie dann.
Otto antwortete nicht darauf. Mit finsterer Miene konzentrierte er sich auf den Verkehr.

Sandra spürte sofort, dass sie zu weit gegangen war. Doch sie traute sich nicht, noch etwas zu sagen. War sie etwa eifersüchtig? Hatte sie sich deshalb zu so einem peinlichen Ausspruch hinreißen lassen?
Zum Glück hielt Otto jetzt vor dem Bio-Markt. Das Einsatzteam war bereits vor Ort. Mehrere Wagen der zuständigen Polizeidirektion parkten vor dem Markt. Einige Passanten und Kunden standen verwundert und aufgeregt tuschelnd davor.
Ein Mann in einem langen Mantel und mit einem Hut auf dem Kopf stieg nur ein paar Meter vom Markt entfernt in einen schwarzen BMW. Er schien sehr wütend zu sein.
Otto stutzte. Das war doch genau der Mann, der ihm bereits auf dem Alexanderplatz aufgefallen war.
Mit quietschenden Reifen fuhr der BMW davon. Instinktiv holte Otto seinen Notizblock hervor und notierte sich das Kennzeichen.
„Was ist mit dem Kerl?“, fragte Sandra. Sie hatte Otto verwundert beobachtet.
„Kann ich nicht sagen“, antwortete Otto ausweichend.
Dann zogen er und Sandra ihre Dienstausweise aus der Tasche und wurden ohne ein Wort von dem Beamten neben der Tür des Bio-Marktes hereingelassen.
Im Markt wimmelte es von Polizisten. Die meisten von ihnen standen über Kühltruhen gebeugt und stapelten verpacktes Fleisch in kleine Container. Einige waren dabei, die Mitarbeiter zu befragen, die heute gearbeitet hatten.
Otto und Sandra bahnten sich ihren Weg durch die Regalreihen zum hinteren Bereich des Marktes. Die Tür zum Lager stand offen. Otto marschierte sofort hindurch. Sandra folgte ihm.
Durch eine weitere Tür erreichten sie ein schmales Büro. Auf einem Stuhl hinter einem Schreibtisch saß ein schlanker älterer Herr mit gepflegten grauen Haaren. Neben ihm stand eine Polizistin. Sie nahm gerade seine Personalien auf.

„Herr Burger, nehme ich an“, eröffnete Otto das Gespräch.
„So ist es“, antwortete der ältere Mann. „Vielleicht können Sie mir erklären, was hier los ist.“ Die Stimme des Mannes klang entrüstet. Doch Otto sah ihm an, dass er sich alles andere als sicher fühlte.
„Sie stehen unter Verdacht, Etikettenschwindel an Fleischprodukten vorgenommen zu haben“, sagte Otto und legte das Etikett vor Herrn Burger auf den Tisch. „Finden Sie es richtig, die Verbraucher zu betrügen?“

! ÜBUNG 8

Übung 8: Welches Verb ist das richtige? Unterstreichen Sie!

1. Der Arzt sagt, ich kann/soll nicht rauchen.
2. Ehe der Kommissar mit einem Verdächtigen spricht, will/muss er seinen Dienstausweis zeigen.
3. Für die Tatzeit müssen/dürfen Sie ein Alibi haben.
4. Ich weiß/kann nur ein bisschen Deutsch.
5. Der Verdächtige darf/muss mit aufs Revier kommen.

Der Bio-Markt-Betreiber machte große Augen. „Woher haben Sie das?“, fragte er.
„Das tut jetzt nichts zur Sache“, entgegnete Otto. „Wo waren Sie heute Morgen in der Zeit zwischen sieben und neun Uhr?“
„Was? Wieso? Ich war hier, fragen Sie meine Mitarbeiter. Samstags mache ich immer die Abrechnung …“
Sandra warf Otto einen fragenden Blick zu. Doch Otto ließ sich von dieser Aussage nicht beeindrucken.
„Sie sind vorläufig festgenommen“, sagte er mit fester Stimme. „Legen Sie Wert auf Handschellen oder folgen Sie uns unaufgefordert?“
Herr Burger stand schnell auf. „Ich komme ja schon“, sagte er. „Darf ich vorher meinen Anwalt anrufen?“

„Das können Sie von der Dienststelle aus tun“, antwortete Otto. Ohne ein weiteres Wort winkte er den Marktleiter zur Tür.

Wilfried Burger standen die Schweißperlen auf der Stirn. Schon auf dem Weg zum Landeskriminalamt war er im Dienstwagen der beiden Polizisten ins Schwitzen gekommen. Jetzt saß er zusammengesunken an einem Tisch im Verhörraum. Otto und Sandra standen ihm gegenüber.
„So, Herr Burger, in diesen Minuten wird das Fleisch untersucht, das Sie in Ihrem Markt als Bio-Produkt anbieten. Wollen Sie dazu eine Aussage machen?“
„Was soll ich sagen … Ich habe einen großen Fehler gemacht. Es sind schlechte Zeiten, auch wenn immer mehr Menschen Wert auf biologische Nahrungsmittel legen. Bio-Fleisch ist teuer. Ich konnte es kaum noch einkaufen. Ich musste mich nach einer günstigeren Variante umsehen …“
„Und da erschien Ihnen Betrug am günstigsten“, warf Otto ein.
„Nein, natürlich habe ich nicht an Betrug gedacht. Ich habe nur nach einem billigen Lieferanten gesucht. Aber das war nicht möglich. Erst in Polen bin ich fündig geworden.“
„Sie geben also zu, Fleisch aus Massentierhaltung als Bio-Fleisch angeboten zu haben?“, hakte Otto nach.
„Zuerst möchte ich endlich mit meinem Anwalt sprechen. Wenn ich ein Geständnis ablege, erwarte ich dafür ein milderes Urteil.“
„Sie sollten gar nichts erwarten, Herr Burger. Wissen Sie eigentlich, wie wir Ihnen auf die Spur gekommen sind?“ Otto legte das Tatortfoto des ermordeten Journalisten vor dem Marktleiter auf den Tisch.
„Das ist Tobias Wöllner. Er wurde heute Morgen vom Balkon seiner Wohnung gestoßen. Er wollte den Etikettenschwindel als Bio-Fleisch-Skandal in der Berliner Morgenzeitung veröffentlichen.

Wir gehen davon aus, dass ein Zusammenhang zwischen Ihrem Betrug und dem Mord besteht."

Herr Burger machte große Augen. Er kramte ein Taschentuch hervor und tupfte sich die Stirn ab.

„Ich hatte keine Ahnung", stammelte er. „Und diesen Mann habe ich nie zuvor gesehen. Ich gebe alles zu. Ich habe betrogen und das Fleisch mit falschen Etiketten versehen. Aber mit einem Mord habe ich nichts zu tun, das können Sie mir glauben."

„Das müssen wir sogar", erwiderte Otto. „Schließlich haben Sie für die Tatzeit ein Alibi. Ihre Mitarbeiter haben ausgesagt, dass Sie seit heute Morgen um sieben Uhr im Büro Ihres Marktes gearbeitet haben. Jetzt stellt sich die Frage, wer etwas von Wöllners Recherchen mitbekommen haben könnte."

„Woher soll ich das wissen", gab der Marktleiter zurück. „Vielleicht wollte einer meiner Mitarbeiter seinen Job nicht verlieren."

Sandra gab Stefan ein kurzes Zeichen. Er ging mit ihr zusammen zur Tür.

Leise sagte sie zu ihm: „Hatte Nora nicht Angst um ihren Job? Was wäre, wenn sie die Täterin ist? Wir haben Sie nicht gefragt, wo sie sich zur Tatzeit aufgehalten hat. Vielleicht war sie am Morgen in der Wohnung und hat den Zettel mit ihrem Namen und dem Treffpunkt absichtlich im Papierkorb hinterlassen. Möglicherweise wollte sie doch noch verhindern, dass der Skandal an die Öffentlichkeit kommt."

„Das klingt sehr abenteuerlich", meinte Otto. „Außerdem kann ich mir nicht vorstellen, dass Nora kräftig genug ist. Wie sollte eine zarte Frau wie sie einen Mann vom Balkon stoßen?"

In diesem Punkt musste Sandra ihrem Kollegen recht geben.

„Wir sollten uns eher im persönlichen Umfeld Burgers umsehen. Und wir sollten herausfinden, mit wem Wöllner noch über seine Recherchen gesprochen hat, abgesehen von Nora."

Sandra nickte zustimmend. Stefan hatte wie immer alle Möglichkeiten im Blick.
Die beiden gingen zurück zum Tisch. Herr Burger wischte sich erneut den Schweiß von der Stirn.

Übung 9: Ergänzen Sie die passenden Verben! ***(werden, werden, klingen, hängen, nicken, nennen, kommen, stehen)***

1. ins Schwitzen ________
2. abenteuerlich ________
3. frech ________
4. Namen ________
5. zustimmend ________
6. an die große Glocke ________
7. in Zusammenhang ________
8. konkret ________

„Wer wusste eigentlich von dem Etikettenschwindel?", fragte Otto.
„Ich habe das nicht gerade an die große Glocke gehängt. Aber man weiß ja nie, Herr Kommissar", antwortete der Bio-Markt-Betreiber.
„Nun werden Sie mal nicht frech", brauste Otto auf.
„Ich wollte damit nur sagen, dass jeder davon gewusst haben kann. Wenn sogar ein Journalist dahintergekommen ist …"
„Sie müssen schon etwas konkreter werden, Herr Burger. Sie haben das Ganze doch nicht allein durchgezogen."
„Ich bin nicht dazu verpflichtet, Namen zu nennen", wich der Marktleiter aus. „Außerdem habe ich schon mehrmals darum gebeten, meinen Anwalt anrufen zu dürfen. Vorher sage ich nicht weiter aus."
Otto musste sich beherrschen. Er atmete tief durch. Dann sagte er angespannt: „Wenn Sie uns etwas verschweigen, das mit dem Mord in Zusammenhang steht, machen Sie sich mitschuldig. Sie können jetzt Ihren Anwalt anrufen. Wir schicken Ihnen einen Kol-

legen. Bis alle Untersuchungen im Markt und in Ihrer Wohnung abgeschlossen sind, bleiben Sie in Gewahrsam."
Ohne sich zu verabschieden, drehte sich Otto um und ging zur Tür. Sandra nickte Herrn Burger noch einmal kurz zu und verließ dann ebenfalls den Verhörraum.
Auf dem Gang blieb Otto stehen. „Wenn Burger doch etwas weiß, wird er jetzt wie auf heißen Kohlen sitzen. Lassen wir ihn ruhig eine Weile zappeln. Vielleicht rät ihm sein Anwalt sogar auszupacken. Ich sehe in der Zwischenzeit nach, wie es Nora geht und kläre sie über den aktuellen Ermittlungsstand auf. Vielleicht kann sie uns noch mehr Informationen geben, zum Beispiel mögliche Komplizen. Du schaust am besten bei Hackmeier vorbei. Ich würde gern wissen, was Wöllners Nachbarn ausgesagt haben."
„Verstehe", erwiderte Sandra knapp. „Du organisierst mal wieder alles." Ein wenig beleidigt lief sie davon.
Mit ein paar großen Schritten kam Otto schnell vor seinem Büro an. Von drinnen hörte er Gelächter. Erstaunt drückte er die Klinke hinunter und betrat das Zimmer.
Nora saß noch immer auf dem Stuhl vor seinem Schreibtisch und lachte. Auf der Schreibtischkante hockte ein junger Polizist. Er stand schnell auf, als er Otto in der Tür stehen sah.
„Sie haben wirklich ein paar sehr nette Kollegen", sagte Nora. Sie war noch immer sehr blass. Aber von ihrem ängstlichen Verhalten und ihrer Traurigkeit war nichts mehr zu spüren.
„Ich hätte nicht gedacht, dass Sie sich so schnell aufheitern lassen", gab Otto zurück.
Nora sah ihn betroffen an.
„Ich habe die Aussage der Zeugin zu Protokoll genommen", meldete sich der junge Polizist zu Wort.
„Danke, Marko. Du kannst jetzt gehen. Ich rufe dich später noch einmal." Nora sagte noch immer kein Wort.

Übung 10: Lesen Sie weiter und setzen Sie die Verben aus den Klammern in die richtige Präteritumform!

„Ich (1. wollen) ________ nicht unhöflich sein“, entschuldigte sich der Kriminalkommissar. „Sie (2. sein) ________ vorhin nur so traurig und verunsichert. Ich freue mich natürlich, dass Sie sich wieder etwas gefangen haben.“

„Ich bin auch froh darüber“, (3. erwidern) ________ Nora. „Trotzdem wird es sicher eine Weile dauern, bis ich über alles hinwegkommen werde.“

„Wir haben Herrn Burger verhaftet“, (4. kommen) _____ Otto schnell zur Sache. „Er hat den Etikettenschwindel zugegeben. Aber er ist nicht der Mörder von Tobias. Er hat ein Alibi. Er (5. wollen) ______ uns jedoch nicht sagen, wer in seinen Betrug eingeweiht war. Haben Sie vielleicht beobachtet, ob Herr Burger Komplizen (6. haben) ______?“

„Er hat oft telefoniert. Ich glaube auch, dass der Lieferant davon gewusst hat. Und der Sohn von Herrn Burger …“

„Herr Burger hat einen Sohn? Arbeitet er auch im Markt?“

„Thomas Burger hat Betriebswirtschaft studiert. Vor einem Jahr hat er sein Studium abgeschlossen. Seitdem ist er stellvertretender Geschäftsführer und im Markt hat sich einiges verändert. Manchmal haben die beiden lautstark gestritten.“

„Jetzt wird mir auch klar, warum Wilfried Burger keine Namen nennen wollte. Wer will schon seinen eigenen Sohn verraten. Diesem Hinweis werden wir auf jeden Fall nachgehen. Mich interessiert aber auch, mit wem Tobias Wöllner Kontakt hatte. Hat er außer Ihnen auch anderen Personen von seinen Recherchen erzählt?“, wollte der Kommissar jetzt wissen.

„Das weiß ich nicht genau“, antwortete Nora wahrheitsgemäß. „Ich weiß nur, dass er ab und zu Artikel für die Berliner Morgenzeitung und für die Potsdamer Nachrichten geschrieben hat. Wen er dort kannte oder wer sein Ansprechpartner war, kann ich Ihnen nicht sagen."

„Sie haben mir trotzdem weitergeholfen." Otto erhob sich von seinem Schreibtischstuhl. Sandra war noch nicht zurück. Deshalb wollte er nun ebenfalls zu Hackmeier gehen.

„Ich muss Sie schon wieder verlassen, Nora", sagte Otto. „Aber ich schicke Ihnen wieder den netten Kollegen von vorhin."

Noras Wangen röteten sich leicht. Verlegen sah sie den Kriminalkommissar an. „Ihre Gesellschaft finde ich auch sehr angenehm", bemerkte sie.

Stefan lächelte. Ein wohliges Gefühl machte sich in ihm breit. Schnell ging er zur Tür.

‚Nora ist eine Zeugin, ich darf keine Gefühle ihr gegenüber entwickeln', ermahnte er sich. Trotzdem drehte er sich noch einmal kurz um.

„Bis später", rief er und verließ das Büro.

ÜBUNG 11 !

Übung 11: Setzen Sie die folgenden Sätze ins Perfekt!

1. Sie legten die Schnipsel wieder zusammen.

____

2. Sandra und ihr Kollege fanden einiges heraus.

____

3. Der Journalist beobachtete alles genau.

____

4. Sie überprüften ihre Ermittlungen noch einmal.

____

5. Der Mann in dem BMW fuhr schnell weg.

____

„Ah, da kommt ja unser Lieblingskommissar“, begrüßte Hackmeier seinen Kollegen. Sandra sah nur kurz auf. Sie und Hackmeier standen über ein paar zusammengelegte Schnipsel gebeugt und versuchten, den Text darauf zu entziffern.
„Lass die Scherze, Hackmeier“, entgegnete Otto. „Sag mir lieber, was ihr herausgefunden habt.“
Hackmeier richtete sich auf. „Die Befragung der Nachbarn hat so gut wie keine sachdienlichen Hinweise ergeben“, antwortete der Polizist. „Niemand will etwas gesehen oder gehört haben, was ich persönlich sehr unwahrscheinlich finde. Eine Nachbarin hat ausgesagt, dass ihr ein Mann mit Mantel und Hut aufgefallen sei. Er soll den Hof kurz nach acht Uhr eilig verlassen haben und mit einem schwarzen BMW weggefahren sein.“
Otto wurde sofort hellhörig. „Ein Mann mit Hut und Mantel? Und ein BMW?“
Auch Sandra erinnerte sich an die Beobachtungen vor dem Bio-Markt.
„Ist das vielleicht derselbe Mann, dessen Autokennzeichen du vorhin notiert hast?“, fragte sie.
„Das muss derselbe Mann sein. Damit war er an drei Orten, die mit unserem Fall zu tun haben. Das ist unmöglich Zufall. Wahrscheinlich haben wir eine neue Spur. Ich lasse gleich das Kennzeichen überprüfen. Was gibt es sonst noch über die aktuellen Ermittlungen zu berichten?“ Otto sah Hackmeier erwartungsvoll an.
„In der Wohnung konnten Reinecke und sein Team leider keine fremden Fingerabdrücke sicherstellen. Nur die des Opfers, wie der Vergleich ergab. Dafür haben Schiemann und ich die ganze Zeit an diesen Schnipseln herumgepuzzelt. Das Ergebnis haben wir uns gerade angesehen.“
Jetzt warf auch Otto einen Blick auf die zusammengesetzten Papierfetzen. Es handelte sich um eine E-Mail. Der Absender war

ein gewisser Klaus Mehring, ein Redakteur bei der Berliner Morgenzeitung. Er bekundete Interesse an einem Artikel, den Tobias Wöllner ihm offensichtlich angeboten hatte.
„Vielleicht haben wir noch eine neue Spur“, meinte Sandra. „Zumindest sollten wir mit diesem Klaus Mehring reden.“
„Nora hat uns ebenfalls auf eine neue Spur gebracht“, erwiderte Otto. „Der Marktleiter hat einen Sohn, der als stellvertretender Geschäftsführer eingesetzt ist. Nora vermutet, dass er von dem Etikettenschwindel gewusst hat. Außerdem müssen wir nach dem Lieferanten in Polen fahnden lassen. Höchstwahrscheinlich war Burger nicht der einzige Abnehmer mit kriminellen Absichten.“

! ÜBUNG 12

Übung 12: Setzen Sie das zur Antwort passende Fragewort ein!

1. ______ heißt der Kriminalkommissar?	Otto.
2. ______ haben sie verhaftet?	Herrn Burger.
3. ______ war die Leiche gefunden worden?	In einem Hinterhof.
4. ______ untersuchen Sandra und Otto?	Einen Mordfall.
5. ______ ein Auto fährt der Mann?	Einen BMW.
6. ______ Frau trifft Otto?	Nora Wittig.
7. ______ bringen sie den Verdächtigen?	Zum Kommissariat.

„Welches Vorgehen schlägst du vor?“, fragte Sandra.
Otto strich sich durch sein kurzes Haar. „Hackmeier, Sie treiben diesen Redakteur von der Berliner Morgenzeitung auf. Sandra, wir besuchen noch einmal unseren Betrüger Wilfried Burger. Der sitzt noch im Verhörraum. Er soll uns erklären, was sein Sohn mit der ganzen Sache zu tun hat. Danach werden wir uns mit Thomas Burger persönlich unterhalten. Es sollte nicht besonders schwierig sein, ihn ausfindig zu machen.“ Otto hielt kurz inne. „Es würde mich nicht wundern, wenn sich der unbekannte Mann mit dem Hut

als einer unserer Verdächtigen entpuppt. Mal sehen, was das Kennzeichen des BMW uns verrät. Ach ja", fügte er dann hinzu. „Das hätte ich fast vergessen. Die Gerichtsmedizin ist dabei, DNA-Spuren des Täters zu ermitteln. Es befanden sich Hautreste unter den Fingernägeln des Opfers."
„Typisch", meinte Sandra. Sie verdrehte die Augen. „Die wichtigsten Fakten hebst du dir immer bis zum Schluss auf."

„Da sind wir wieder Herr Burger", sagte Otto. Er betrat gemeinsam mit Sandra das Verhörzimmer. „Wie ich sehe, haben Sie Verstärkung bekommen. Herr Anwalt …" Otto nickte dem Anwalt zu. Der kleine Mann im grauen Anzug grüßte ernst zurück.
Otto kam sofort zur Sache. „Wir wissen inzwischen, warum Sie uns den Namen Ihres Komplizen nicht nennen wollten, Herr Burger." Er machte eine kurze Pause. „Es handelt sich nämlich um Ihren Sohn."
„Was? Wie kommen Sie denn darauf?", entrüstete sich der Marktleiter. „Mein Sohn hat mit der ganzen Sache nichts zu tun."
„Wir haben eine Zeugin. Sie hat ausgesagt, dass Ihr Sohn als stellvertretender Geschäftsführer arbeitet. Warum hatten Sie des Öfteren Streit mit ihm?" Otto sah Herrn Burger herausfordernd an. Doch der Bio-Markt-Betreiber ließ sich nicht beirren.
„Zwischen Vätern und Söhnen kann es schon mal krachen", sagte er. „Vor allem, wenn der Sohn erwachsen wird und es um das Familiengeschäft geht. Ich will ihm nach und nach die Leitung des Marktes übertragen und mich langsam in den Ruhestand zurückziehen. In einigen Dingen haben wir einfach verschiedene Ansichten."
„In den Ruhestand können Sie sich schon heute verabschieden. Ich bin mir sicher, dass Sie den Markt nach Ihrer Verhandlung nicht wiedereröffnen werden. Das Vertrauen der Kunden haben Sie und Ihr Sohn zerstört."

„Lassen Sie meinen Sohn da raus", brauste Herr Burger auf. „Er hat mich sogar noch davor gewarnt. Er wollte nicht, dass ich den Umsatz mithilfe von Betrug erhöhe. Sie haben den Schuldigen erwischt. Was wollen Sie denn noch?"
„Vor allem will ich den Mord an Tobias Wöllner aufklären. Ihr Sohn könnte ein Motiv gehabt haben. Er wusste von dem Etikettenschwindel und er kam dahinter, dass Wöllner Ihnen auf der Spur war. Um den Betrug nicht auffliegen zu lassen, hat er den Journalisten umgebracht."
Der Marktleiter holte tief Luft.

ÜBUNG 13 !

*Übung 13: Stehen die den Präpositionen folgenden, unterstrichenen Wörter im Dativ (**D**) oder Akkusativ (**A**)?*

Beruhigend legte der Anwalt die Hand auf seinen Arm 1. ( ). „Es ist das Beste, wenn Sie jetzt nichts mehr sagen. Sie haben ein Geständnis in der Betrugssache 2. ( ) abgelegt. Mit dem Mord haben Sie nachweislich nichts zu tun."
Otto ging zur Tür 3. ( ). Er drehte sich noch einmal um. „Wir werden Wöllners Mörder finden. Verlassen Sie sich darauf", sagt er. Er gab Sandra ein Zeichen mitzukommen.
Auf dem Gang 4. ( ) kam ihnen Hackmeier entgegen. „Ich habe gerade mit dem Redakteur 5. ( ) von der Berliner Morgenzeitung 6. ( ) telefoniert. Er wusste, woran Tobias Wöllner gearbeitet hat. Er wollte den Artikel von ihm haben und exklusiv abdrucken. Für die Tatzeit 7. ( ) hat er ein Alibi. Er verbringt gerade ein Wochenende auf Mallorca 8. ( ). Er ist am Donnerstagabend 9. ( ) mit seiner Frau dorthin geflogen. Am Montag kommt er zurück. Dann wird er sich bei uns 10. ( ) melden."
„Gut gemacht, Hackmeier", erwiderte Otto. „Das grenzt den Kreis der Verdächtigen wieder ein. Wir müssen unbedingt mit dem Sohn

11. ( ) von Herrn Burger sprechen. Vorher lasse ich das Nummernschild des schwarzen BMW überprüfen. Wollen wir doch mal sehen, wer der Halter des Wagens ist.“

Wenig später hielt Otto die gewünschten Angaben ausgedruckt in den Händen. Er stand mit Sandra und Hackmeier in dessen Büro und traute seinen Augen nicht. Der BMW war auf Thomas Burger zugelassen. Jetzt mussten sie schnell handeln.
„Wir fahren zur Wohnung des Verdächtigen“, sagte er zu Sandra. „Hackmeier, Sie geben zur Sicherheit eine Fahndung heraus. Möglicherweise ist Thomas Burger bereits untergetaucht. Schließlich haben wir ihn heute Vormittag vor dem Bio-Markt gesehen. Er weiß also, dass wir von dem Betrug erfahren haben.“
„Und er weiß, dass wir Nora Wittig befragt haben. Du hast ihn doch auch auf dem Alexanderplatz gesehen“, fügte Sandra hinzu.
„Wahrscheinlich sind wir gerade noch rechtzeitig dort aufgetaucht“, überlegte Otto. „Wir müssen davon ausgehen, dass Nora sein nächstes Ziel war. Sie hat für Wöllner spioniert. Vermutlich ist Burger so auf die Recherchen des Journalisten aufmerksam geworden. Komm, lass uns fahren.“

Vor Thomas Burgers Wohnung parkte wie erwartet kein schwarzer BMW. Trotzdem stiegen Sandra und Stefan aus und klingelten an der Haustür. Niemand öffnete.
„Er ist wahrscheinlich wirklich geflohen“, sagte Sandra.
Otto dachte nach. „Wohin könnte er gefahren sein?“, fragte er in Gedanken.
„Vielleicht will er sich ins Ausland absetzen“, vermutete Sandra. „Als verdächtiger Mörder …“
Otto fiel ihr ins Wort. „Oder er will beenden, was er begonnen hat.“

„Was meinst du damit?“, wollte Sandra wissen.
„Er wartet auf Nora“, antwortete Otto knapp.
Sandra sah ihn mit großen Augen an. „Das glaube ich nicht“, sagte sie. „Er weiß, dass wir ihm auf der Spur sind. Es wäre doch idiotisch, unter diesen Umständen noch einen Mord zu planen.“
„Nicht, wenn er wütend und verzweifelt ist“, war sich Otto sicher. Er stieg in den Dienstwagen ein und ließ sich die Adresse von Nora Wittig geben. Ihre Wohnung befand sich nicht weit vom Bio-Markt entfernt.
Zwanzig Minuten später bog Otto langsam in die Straße ein, in der Nora wohnte.

ÜBUNG 14 !

*Übung 14: Sind die Sätze hinter dem Komma Hauptsätze (**H**) oder Nebensätze (**N**)? Entscheiden Sie!*

1. Sandra und Otto glauben, dass Burger der Täter war. ( )
2. Er stieg in das Auto, und dann fuhr er zu Noras Adresse. ( )
3. Um den Betrug nicht auffliegen zu lassen, hat er ihn umgebracht. ( )
4. Er plante den Mord, weil er wütend und verzweifelt war. ( )
5. Als er den Wagen sah, startete er den Motor und fuhr los. ( )
6. Er freute sich immer, wenn er einen Fall gelöst hatte. ( )
7. Nora sagte aus, obwohl sie Angst um ihren Arbeitsplatz hatte. ( )
8. An der Ampel musste Burger halten, denn sie war rot. ( )

„Da“, zischte Sandra aufgeregt und zeigte nach vorn. In einer Parklücke auf der linken Seite der Straße stand der schwarze BMW. Am Steuer saß ein Mann mit einem Hut auf dem Kopf. Als er den Dienstwagen der Beamten sah, startete er den Motor und raste plötzlich los. Er musste Otto und seine Kollegin wiedererkannt haben.
Otto reagierte schnell. Dennoch konnte er Thomas Burger den

Fluchtweg nicht versperren. Ihm blieb nur eine Möglichkeit: Er musste wenden und den BMW verfolgen.
Während Otto mit fliegenden Händen am Lenkrad kurbelte, verständigte Sandra die Dienststelle. Sie gab die Daten des flüchtigen Wagens und ihren Standort durch. Ein paar Einsatzwagen der Polizei machten sich sofort mit Blaulicht auf den Weg. Auch Otto hatte die Verfolgung aufgenommen. Mit quietschenden Reifen fuhr er dem BMW hinterher. Thomas Burger raste mit viel zu hoher Geschwindigkeit durch die Straßen. Er überholte mehrmals und hupte fast ununterbrochen. Otto hatte große Schwierigkeiten, ihn nicht zu verlieren. Sandra gab immer wieder die Straßennamen an die Dienststelle weiter.
An der nächsten Kreuzung musste Burger an einer roten Ampel anhalten. Doch im letzten Moment missachtete er das Signal. Er gab erneut Gas und raste weiter. Bremsen kreischten, es krachte fürchterlich. Mitten auf der Kreuzung war es zu einem Auffahrunfall mit mindestens vier Pkw gekommen. Doch Burger hatte es geschafft. Er hatte die Straße ohne Zusammenprall überquert. Otto folgte ihm unerbittlich. Sandra gab mit schriller Stimme den Unfall durch.
Jetzt schlossen sich zwei Einsatzwagen der Polizei der gefährlichen Verfolgungsjagd an. Burger bog auf die Stadtautobahn ab. Er raste an den Autos vorbei und wechselte immer wieder die Spur. Doch die Verfolger blieben ihm dicht auf den Fersen.
In Sandras Magen breitete sich Übelkeit aus. Otto behielt die Nerven. Er lenkte den Dienstwagen hoch konzentriert.
„Da vorn ist ein Stau“, schrie Sandra plötzlich. Schon leuchteten die Bremslichter des BMW auf. Burgers Wagen kam ins Schleudern. Er prallte seitlich gegen die Leitplanke. Das Auto drehte sich und donnerte frontal gegen einen Lkw.
Sandra hielt den Atem an. Otto trat auf die Bremse. Kurz vor dem BMW kam er sicher zum Stehen. Die beiden Einsatzwagen hielten

schräg hinter ihm. Otto stieß die Fahrertür auf und sprang aus dem Auto. Drei Polizisten folgten ihm mit gezogenen Waffen.
Der vordere Teil des BMW war komplett eingedrückt. Der Airbag war aufgegangen. Burger lehnte bewusstlos nach vorn gesackt dagegen. Sein Hut war heruntergefallen.
Auch Sandra war inzwischen ausgestiegen. Mit zitternden Knien blieb sie neben dem Dienstwagen stehen.
„Ruf sofort einen Krankenwagen“, rief Otto ihr zu. Er versuchte, die Fahrertür des BMW zu öffnen. Erst als ihm ein Polizist zu Hilfe kam, gelang es ihm. In diesem Moment schlug Thomas Burger die Augen auf. Mit schmerzverzerrtem Gesicht lehnte er sich nach hinten. Das Innenfutter seines Mantels leuchtete rot auf.
„Thomas Burger, ich verhafte Sie wegen Mordes an Tobias Wöllner“, sagte Otto ohne Mitleid in der Stimme. „Gleich wird ein Rettungswagen hier sein. Ihre Aussage nehme ich im Krankenhaus auf.“

! ÜBUNG 15

Übung 15: Welche Verben und Substantive gehören zusammen?

1. einen Verbrecher	a. aufschlagen	________
2. zu Hilfe	b. machen	________
3. eine Aussage	c. wählen	________
4. die Augen	d. verhaften	________
5. vor dem Ruin	e. finden	________
6. eine Telefonnummer	f. kommen	________
7. Spuren	g. bewahren	________

Otto nickte dem Polizisten zu und ging zurück zum Dienstwagen. Der Beamte blieb mit der Waffe im Anschlag neben dem BMW stehen.
Sandra saß auf dem Beifahrersitz und schniefte. „Ich hoffe, der Einsatz hat sich gelohnt“, sagte sie leise. „Dieser Kerl hat nicht nur

sein Leben riskiert, sondern auch unseres und das vieler anderer Unschuldiger."

„Beruhige dich erst einmal", gab Otto zurück. „Falls er nicht aussagt, haben wir noch die DNA-Spuren, die bei der Untersuchung der Leiche gefunden wurden. Der Vergleich wird eindeutig klären, ob Thomas Burger der Täter ist. Außerdem finden wir in seinem Mantelfutter mit Sicherheit einen Riss oder Ähnliches. Erinnerst du dich an den roten Stofffetzen, den Reinecke heute Morgen am Balkontürrahmen gefunden hat? Alle bisherigen Ermittlungsergebnisse und die Flucht Burgers deuten auf seine Schuld hin."

Am Abend klingelte Sandras Telefon. Sie hatte sich nach einem entspannenden Schaumbad in ihren Bademantel gewickelt und es sich auf ihrem Sofa gemütlich gemacht. Es war Stefan.

„Der DNA-Test war positiv", berichtete er. „Wir haben den Mörder. Thomas Burger hat außerdem alles gestanden. Er wusste von Wöllners Recherchen und dass Nora Wittig für den Journalisten spioniert hat. Er wollte den Bio-Markt vor dem Ruin bewahren und die beiden deshalb umbringen."

Sandra seufzte erleichtert.

„Ruh dich aus. Am Montag fühlst du dich bestimmt wieder besser", sagte Otto. Dann legte er auf.

Sandra freute sich über Stefans Worte. Wie gern hätte sie ihn jetzt bei sich gehabt. Doch Stefans Gedanken wanderten zu einer anderen Frau. Er hatte Nora am Nachmittag nach Hause gebracht und ihr von Thomas Burger erzählt. Ängstlich hatte sie sich von Otto verabschiedet. Er hatte ihr zwar versichert, dass sie nun in Sicherheit sei. Dennoch machte er sich Sorgen um sie.

Otto starrte auf das Telefon. Das Protokoll mit Noras Aussage lag direkt daneben. Es kribbelte in seiner Brust. Er lächelte. Dann wählte er Noras Telefonnummer.

Abschlusstest

Übung 1: Ergänzen Sie den Artikel in der richtigen Form!

1. Der Tote lag in (ein) ______ Hinterhof.
2. Die Kommissare gingen in (der) ______ Supermarkt.
3. Der junge Polizist saß auf (die) ______ Tischkante.
4. Die Zeugin sah aus (das) ______ Fenster.
5. Der Beamte blieb neben (der) ______ BMW stehen.
6. Otto setzte sich hinter (das) ______ Steuer.
7. Die Polizisten beugten sich über (die) ______ Kühltruhen.
8. Sandra zog ihren Ausweis aus (die) ______ Tasche.

Übung 2: Setzen Sie nun die Sätze von Übung 1 ins Perfekt!

1. ____
2. ____
3. ____
4. ____
5. ____
6. ____
7. ____
8. ____

Übung 3: Setzen Sie ein: ***denn, weil, obwohl, trotzdem, aber****!*

1. Der Hausmeister rief die Polizei an, ___ er hatte einen Toten gefunden.
2. Der Alexanderplatz war voll, ______ sie fanden die Frau.
3. Sie hatte Angst um ihren Arbeitsplatz, ______ sagte sie aus.
4. Der Markt war voll von Polizisten, ______ sie Beweise suchten.
5. Burger sich damit ruinierte, gab er alles zu.

*Übung 4: **Wenn** oder **Als**? Setzen Sie ein!*

1. _____ Otto den Fall gelöst hatte, rief er Nora an.
2. _____ Sandra an ihn dachte, sehnte sie sich nach ihm.
3. _____ ein Mord passiert, versuchen Sandra und Stefan, den Täter zu finden.
4. _____ der Tote gefunden wurde, war er noch keine Stunde tot.

Übung 5: Ergänzen Sie die Adjektivendungen!

1. Der erstaunt___ Bio-Markt-Besitzer machte groß___ Augen.
2. Sie sahen einen schlank___ älter___ Mann mit gepflegt___ Haar.
3. Der Anwalt trug einen grau___ Anzug und schwarz___ Schuhe.
4. Otto sah eine jung___ dunkelhaarig___ Frau.
5. Ein Mann mit lang___ Mantel lief schnell weg.
6. Das verpackt___ Fleisch stapelte sich in den Tiefkühltruhen.
7. Die neugierig___ Zeugin gab ihm ein wasserdicht___ Alibi.
8. Sie sprachen mit den anwesend___ Mitarbeitern.
9. Nora fragte mit traurig___ Stimme nach Tobias.

Übung 6: Ergänzen Sie die bestimmten Artikel und machen Sie aus den zwei Nomen eines! Fügen Sie auch dort den bestimmten Artikel hinzu!

1. _____ Haus _____ Meister _____ _______________
2. _____ Schlaf _____ Zimmer _____ _______________
3. _____ Morgen _____ Luft _____ _______________
4. _____ Stadt _____ Plan _____ _______________
5. _____ Einsatz _____ Team _____ _______________
6. _____ Fleisch _____ Theke _____ _______________
7. _____ Dienst _____ Stelle _____ _______________
8. _____ Tat _____ Zeit _____ _______________

Übung 7: Ersetzen Sie die unterstrichenen Wörter durch Personalpronomen!

1. Der Hausmeister hatte den Toten (   ) gefunden.
2. Tobias Wöllner wollte sich mit der Verkäuferin (   ) treffen.
3. Er wollte wissen, woher der Supermarkt das Fleisch (   ) bezog.
4. Nora (   ) holte einen Briefumschlag aus ihrer Tasche.
5. Bei diesem Mord (   ) handelte es sich um einen ganz besonderen Fall.
6. Die Etiketten (   ) müssen schnellstens beschlagnahmt werden.
7. Otto notierte alles in seinem Notizblock (   ).
8. Die Beamten beugten sich über die Kühltruhen (   ).
9. Otto sprach am liebsten selbst mit den Tatverdächtigen (   ).
10. Sie durchsuchten die Wohnung (   ) ganz genau.

Übung 8: Bilden Sie die Imperative!

Sie	*du*	*ihr*
1. Gestehen Sie!	________________	________________
2. Lesen Sie!	________________	________________
3. Geben Sie auf!	________________	________________
4. Gehen Sie!	________________	________________
5. Finden Sie heraus!	________________	________________
6. Antworten Sie!	________________	________________

Übung 9: Welches Wort passt nicht?

1. Befragung, Verhör, Interwiev, Verdacht ____________________
2. Hinweis, Tipp, Mitteilung, Rat ____________________
3. Schwindel, Lüge, Unwahrheit, Geständnis ____________________
4. Kollege, Chef, Leiter, Boss ____________________

Übung 10: Ergänzen Sie die Possessivpronomen!

1. Was er dachte, konnte man an ________ Gesicht ablesen.
2. Sandra war in ________ Chef verliebt.
3. Otto fuhr mit ________ Dienstwagen zum Tatort.
4. Burger betrog mit ________ Etiketten.
5. Als Otto anrief, war Sandra schon in ________ Bademantel.
6. Sie betrat ________ Wohnung.
7. Er hatte vergessen, ________ Handy anzumachen.
8. Burger verkaufte in _______ Supermarkt nicht nur Bio-Fleisch.

*Übung 11: **Wo?** oder **Wohin?** Fragen Sie nach den unterstrichenen Wörtern!*

1. Sandra und Otto stellten das Auto vor den Supermarkt. _________
2. Der Tote wurde in die Gerichtsmedizin gebracht. _________
3. Auf dem Fleisch klebten falsche Etiketten. _________
4. Sie fanden in der Wohnung interessante Spuren. _________
5. Vor dem Supermarkt sahen sie den schwarzen BMW. _________
6. Für das Verhör fuhren sie ins Büro. _________
7. Sie führten den Verdächtigen in das Verhörzimmer. _________

Übung 12: Schreiben Sie die Zahl aus der Klammer als Ordinalzahl in die Lücke!

1. Der Mord geschah am Dienstag, den (3) __________ März.
2. Bekommst du dein Geld am (1) ______ oder (15) ________ ?
3. Sie sind die (500.000) ________________________ Besucherin.
4. Den (7) _______ und (8) _____ Verdächtigen verhörte er selbst.
5. Dies war schon der (4) ________ Fall, den sie lösten.
6. Der Kommissar hat am (10) ________ (12) ______ Geburtstag.

Lösungen Der Tote in der U-Bahn

Übung 1: 1. absperren; 2. niederstechen; 3. zurichten; 4. zusammensacken; 5. zerreißen; 6. operieren; 7. kennen

Übung 2: 1. Schulter; 2. Wand; 3. Opfer; 4. Augen; 5. Tochter; 6. Leichen; 7. Februar; 8. Tod

Übung 3: 1. das Foto, Fotos; 2. die Leiche, Leichen; 3. der Blick, Blicke; 4. der Tatort, Tatorte; 5. der Ausweis, Ausweise; 6. der Parkplatz, Parkplätze; 7. die Klinik, Kliniken; 8. das Gebäude, Gebäude; 9. die Tür, Türen; 10. der Dienst, Dienste

Übung 4: 1. A; 2. D; 3. D; 4. D; 5. A; 6. A; 7. D; 8. D; 9. D; 10. D

Übung 5: 1. Patient; 2. Brot; 3. Auto; 4. Krankenhaus; 5. Rede; 6. Lachen; 7. Grab; 8. Kommissar; 9. Pistole

Übung 6: 1. (u) habe verdächtigt; 2. (t) habe herausgefordert; 3. (t) bin zurückgekommen; 4. (t) habe durchgesetzt; 5. (u) habe befragt; 6. (u) habe verlassen; 7. (u) habe entsprochen; 8. (t) habe eingeschaltet

Übung 7: 1. (r); 2. (f) verwaschene; 3. (r); 4. (f) gepflegten; 5. (f) furchtbar; 6. (r); 7. (r); 8. (f) eleganten

Übung 8: 1. wollte; 2. gehören; 3. studiert; 4. führt; 5. anbieten; 6. hat; 7. unterhalten; 8. auftaucht; 9. fragen; 10. wurde

Übung 9: 1. Grüß(e)!, Grüßt!; 2. Fahr(e)!, Fahrt!; 3. Lies!, Lest!; 4. Unterbrich!, Unterbrecht!; 5. Lass!, Lasst!; 6. Kombinier(e)!, Kombiniert!; 7. Schimpf(e)!, Schimpft!; 8. Gib!, Gebt!

Übung 10: 1. glücklich, glücklicher, am glücklichsten; 2. kurz, kürzer, am kürzesten; 3. hoch, höher, am höchsten; 4. gut, besser, am besten; 5. viel, mehr, am meisten; 6. schrecklich, schrecklicher, am schrecklichsten; 7. teuer, teurer, am teuersten; 8. alt, älter, am ältesten; 9. gern, lieber, am liebsten; 10. schnell, schneller, am schnellsten

Übung 11: Den Nachnamen **weiß** ich nicht. Er hat wie ich Philosophie **studiert**. Doch nach zwei Semestern ist er nicht mehr aufgetaucht. Einige Studenten haben behauptet, er sei ins Gefängnis **gekommen**. Wegen Drogenmissbrauchs oder so. Keiner hat ihn wiedergesehen. Wieso **liegt** hier ein Foto von ihm?"

„Marko Wiebald **steht** in dringendem Tatverdacht, Ihren Vater erstochen zu haben. Wir konnten seine DNA-Spuren an der Kleidung Ihres Vaters finden", antwortet der Kommissar. „Aber das **ist** noch nicht alles. Marko Wiebald stand heute Morgen vor der Villa Ihrer Eltern und hat nach Ihnen **gefragt**."

Übung 12: <u>Otto</u> steht wie versteinert vor dem <u>Tisch</u>. <u>Sandra</u> will ihn zurückhalten. <u>Doch</u> schon setzt er zum <u>Sprechen</u> an: „<u>Sie</u> müssen verstehen, dass wir trotz <u>Ihrer</u> familiären <u>Situation</u> unsere <u>Arbeit</u> machen müssen. <u>Ich</u> brauche die <u>Kontaktdaten</u> der <u>Autowerkstatt</u>. <u>Und</u> schreiben <u>Sie</u> mir bitte auch gleich <u>Ihre</u> neue <u>Adresse</u> und den <u>Namen</u> <u>Ihres</u> <u>Freundes</u> auf. <u>Dann</u> können <u>Sie</u> und <u>Ihre</u> <u>Mutter</u> gehen. <u>Halten</u> <u>Sie</u> sich aber für weitere <u>Befragungen</u> auch weiterhin in <u>Berlin</u> auf." <u>Otto</u> schiebt der jungen <u>Frau</u> einen <u>Stift</u> und seinen <u>Notizblock</u> zu. <u>Frau</u> <u>Hauser</u> muss ihre <u>Tochter</u> erst beruhigen. <u>Nach</u> ein paar <u>Minuten</u> schnieft <u>Katja</u> nur noch und kritzelt den <u>Namen</u> und die <u>Adresse</u> der <u>Werkstatt</u> und ihre neue <u>Anschrift</u> auf das <u>Blatt</u>.

Übung 13: 1. Stuhl; 2. Mitarbeiter; 3. Raum; 4. Fehler; 5. Frage; 6. Medikamente; 7. Aussage; 8. Messer

Übung 14: 1. drückt; 2. brüllt; 3. regt; 4. kommst; 5. nimmt; 6. führt; 7. gibt; 8. reißt

Übung 15: 1. Was; 2. Wen; 3. Was; 4. Wohin; 5. Wer; 6. Wie; 7. Wo; 8. Wem

Lösungen Mord Unter den Linden

Übung 1: 1. großen; 2. blauen; 3. rot; 4. zerwühlte; 5. bekannt; 6. deutscher; 7. lang und braun; 8. absolute
Übung 2: 1. kein; 2. nicht; 3. nicht; 4. kein; 5. keine; 6. nichts; 7. nicht; 8. nichts
Übung 3: 1. Erstes; 2. Zimmermädchen; 3. Tagesgeschäft; 4. Verfügung; 5. Fall; 6. Dienstschluss; 7. Befragungen; 8. Worten
Übung 4: 1. das Zimmer, 2. der Champagner, 3. die Polizei, 4. der Mord, 5. der Flug, 6. das Hotel, 7. der Dienst, 8. die Notiz; a. der Hafen, b. der Block, c. der Fall, d. das Mädchen, e. das Gebäude, f. das Glas, g. die Beamtin, h. der Direktor; 1.d. das Zimmermädchen; 2.f. das Champagnerglas; 3.g. die Polizeibeamtin; 4.c. der Mordfall; 5.a. der Flughafen; 6.h. der Hoteldirektor; 7.e. das Dienstgebäude; 8.b. der Notizblock
Übung 5: 1. ihren; 2. seiner; 3. meinen; 4. Unsere; 5. Ihren; 6. eurem; 7. dein
Übung 6: 1.d. sich Zeit verschaffen; 2.g. die Tür schließen; 3.e. seinen Kopf hinhalten; 4.f. jemanden im Auge behalten; 5.a. auf den Boden der Tatsachen zurückholen; 6.c. Dummheiten machen; 7.b. in Falten legen; 8.h. kein Wort herausbringen
Übung 7: 1. Ich wollte uns nur etwas Zeit verschaffen. 2. Dafür muss schon mehr passieren. 3. Ich möchte nicht meinen Kopf hinhalten. 4. Er kann nicht der Täter gewesen sein. 5. Der Kommissar will umgehend unterrichtet werden. 6. Er will sich über unsere Dienststelle beschweren.
Übung 8: 1. drückt; 2. ertönt; 3. öffnet; 4. nehmen; 5. sieht; 6. verstärken; 7. tritt; 8. legt; 9. begrüßt; 10. reicht; 11. ergreift
Übung 9: 1. natürlich; 2. weiblich; 3. alphabetisch; 4. herzlich; 5. fraglich; 6. vorsichtig; 7. vertraulich; 8. spaßig
Übung 10: 1. ihn; 2. ihr; 3. ihnen; 4. sie; 5. sie; 6. ihm; 7. Er; 8. ihnen; 9. sie
Übung 11: 1. finden, findet, fand, hat gefunden; 2. fahren, fährt, fuhr, ist gefahren; 3. sehen, sieht, sah, hat gesehen; 4. kennen, kennt, kannte, hat gekannt; 5. kommen, kommt, kam, ist gekommen; 6. gehen, geht, ging, ist gegangen; 7. werfen, wirft, warf, hat geworfen
Übung 12: 1. Blick; 2. Fahrstuhltür; 3. Augen; 4. Wand; 5. Befragung; 6. Tasche; 7. Frauen
Übung 13: 1.f.; 2.d.; 3.g.; 4.b.; 5.h.; 6.c.; 7.a.; 8.e.
Übung 14: 1. Kai Weidner will wissen, wer da sei. 2. Sandra möchte wissen, ob sie kurz mit Kai sprechen können. 3. Otto fragt, wann Kai seine Schwester zuletzt gesehen habe. 4. Sie fragen, womit Kais Schwester ihr Geld verdient habe.
Übung 15: 1. Hausflur; 2. Tisch; 3. Ferien; 4. Gast; 5. Tante; 6. Garage; 7. Messer; 8. Konto
Übung 16: 1. die Tür, die Kette, die Türkette; 2. das Auto, der Unfall, der Autounfall; 3. die Lippen, der Stift, der Lippenstift; 4. das Hotel, die Küche, die Hotelküche; 5. der Schlaf, das Zimmer, das Schlafzimmer; 6. das Geld, der Schein, der Geldschein; 7. die Nacht, der Tisch, der Nachttisch

Lösungen Verbrannt

Übung 1: regelmäßig: atmete; legte; wartete; notierte; klingelte; hörte, antwortete
unregelmäßig: dachte; nahm; war
Übung 2: 1. trotzdem; 2. weil; 3. deshalb; 4. weil; 5. Obwohl
Übung 3: 1. aufzumachen; 2. aufzumuntern; 3. nahezugehen; 4. abzumelden; 5. anzurufen

Übung 4: 1. Als; 2. Wenn; 3. Wenn; 4. Als
Übung 5: 1. antwortete; 2. machte; 3. hielt; 4. betrachtete; 5. sagte; 6. nickte; 7. überlegte; 8. war; 9. hatten
Übung 6: 1. Wenn; 2. wann; 3. Wenn; 4. wenn; 5. Wann
Übung 7: 1. lang; 2. schwierig/schwer; 3. hässlich; 4. langsam; 5. alt; 6. schmal; 7. dick; 8. dunkel; 9. klein; 10. traurig
Übung 8: 1. schweigen; 2. fragen; 3. beenden; 4. werfen; 5. mitnehmen
Übung 9: immer, sehr oft, oft, häufig, mehrmals, manchmal, selten, fast nie, nie
Übung 10: 1. zu; 2. -; 3. zu; 4. zu; 5. -; 6. zu; 7. -; 8. zu
Übung 11: 1. Wichtiges; 2. Interessantes; 3. Das Schöne; 4. Unbekannte; 5. das Besondere
Übung 12: 1.c; 2.d; 3.e; 4.b; 5.a
Übung 13: 1. Platz; 2. Seite; 3. Fragen; 4. Vernehmung; 5. Suche; 6. Reaktion; 7. Wagen; 8. Augen; 9. Beifahrersitz; 10. Pause
Übung 14: 1. Nachdem er sich mit Gudrun gestritten hatte, trank er weiter. 2. Nachdem Gudrun weggefahren war, nahm er ein Taxi. 3. Er war ziellos durch die Stadt gefahren, bevor er den Wagen anzündete. 4. Bevor er zur Polizei ging, hatte er Gudrun zur Rede gestellt.
Übung 15: 1. Sie gehen zu Lena Schwarz, denn sie wollen sie verhören. 2. Die Tür zum Bad stand offen und sie konnten einen Berg Wäsche sehen. 3. Gudrun schleppte Männer an und Lena hatte so die Möglichkeit, welche kennenzulernen. 4. Lena behauptet, den Namen von Gudruns Liebhaber nicht zu kennen, aber das ist falsch.
Übung 16: 1. sich; 2. uns; 3. sich; 4. mich; 5. sich; 6. sich; 7. euch; 8. dich; 9. sich
Übung 17: 1. gehen; 2. beginnen; 3. kommen; 4. sein; 5. werden; 6. streiten; 7. rennen; 8. sitzen; 9. reißen; 10. schlagen; 11. schieben; 12. halten; 13. aufbrechen; 14. fahren; 15. finden; 16. laufen; 17. anrufen

Lösungen Sprung in den Tod

Übung 1: 1. seine; 2. der; 3. seiner; 4. den; 5. den; 6. der; 7. dem (zum); 8. meiner; 9. Ihrer; 10. dem; 11. der (zur); 12. der
Übung 2: 1. lebendig; 2. frisch; 3. blau; 4. oberflächlich
Übung 3: „**D**as halte ich für unwahrscheinlich“, gab **O**tto zurück. „**S**chließlich gibt es keinen **A**bschiedsbrief und es fehlt ein ganz wichtiges **A**rbeitsgerät für einen **J**ournalisten: ein **C**omputer oder **L**aptop. **E**in **T**elefon oder ein **H**andy ist auch nicht zu sehen. **W**ir müssen herausfinden, woran **T**obias **W**öllner gearbeitet hat. **V**ielleicht ist er bei seinen **R**echerchen auf etwas gestoßen, was nicht an die **Ö**ffentlichkeit sollte. **L**asst uns alles gründlich durchsuchen. **R**einecke, **S**ie rufen am besten **V**erstärkung. **V**ielleicht finden wir **F**ingerabdrücke. **D**ie ganze **W**ohnung muss danach abgesucht werden. **S**andra, du stellst ein **T**eam zusammen, das mit dir die **N**achbarn befragt. **I**ch bin mir sicher, hier hat ein **V**erbrechen stattgefunden.“
Während **S**andra und **H**orst **R**einecke kurz telefonierten, wandte sich **O**tto den **P**apieren zu. **K**urze **A**rtikel zu belanglosen **T**hemen, kaum lesbare **N**otizen und **R**echnungen lagen zum **T**eil zerrissen und völlig durcheinander auf dem **S**chreibtisch herum. **A**uch auf dem **F**ußboden fand **O**tto nichts **V**erdächtiges. **D**och dann entdeckte er in der hintersten **E**cke unter dem **S**chreibtisch einen **P**apierkorb. **E**r holte ihn hervor. **D**er **K**orb war fast bis zum **R**and mit unzähligen **P**apierschnipseln gefüllt.

Übung 4: 1. sind; 2. ist; 3. hat; 4. ist; 5. hat; 6. habt; 7. sind; 8. hat; 9. seid; 10. ist
Übung 5: 1. Heute wurde er im Hinterhof aufgefunden.; 2. In diesem Moment kam Sandra mit einem Glas Wasser zurück.; 3. Darauf stand ihr Vorname und die Zeit des heutigen Treffens. *Oder*: Darauf stand die Zeit des heutigen Treffens und ihr Vorname.; 4.Wahrscheinlich hat man seinen Computer entwendet.; 5. Danach starrte sie wortlos auf das leere Glas.
Übung 6: **„Natürlich"**, antwortete Nora. Sie setzte sich gerade hin und **straffte** ihre Schultern, als würde sie Kraft **sammeln**. Dann begann sie zu erzählen: „Ich habe Tobias erst vor ein paar Wochen kennengelernt. Ich arbeite als **Verkäuferin** im Bio-Markt Burger. Dort tauchte er eines Tages auf. Er kaufte fast **täglich** verschiedene Produkte und hatte immer einen lustigen Spruch auf den Lippen. Irgendwann hat er sich mir vorgestellt. Er war sehr nett. Und dann hat er sich plötzlich für das Bio-Fleisch interessiert, **das** wir anbieten. Zuerst dachte ich, er sei ein besonders aufmerksamer Kunde wie viele andere auch. Doch seine Fragen wurden immer **bohrender**. Er wollte ganz genau wissen, woher wir das Fleisch beziehen, wer es begutachtet und etikettiert. Ich konnte **ihm** gar nicht genug Informationen geben. Das kam mir irgendwie merkwürdig vor. Als er meine Reaktion bemerkte, hörte er mit der **Fragerei** auf. Er kam aber weiterhin in den Markt. Und dann fragte er mich aus heiterem **Himmel**, ob ich mit ihm ausgehen würde. Zuerst war ich unsicher, aber dann habe ich doch zugesagt. Er hat mich in ein kleines Café eingeladen und wir haben uns unterhalten. Er hat mir von seinem Beruf als Journalist erzählt, von seiner Recherchearbeit und den Artikeln, die er schon geschrieben hat und die er noch schreiben wollte. Sein aktuelles Thema war ein Bio-Fleisch-Skandal."
Übung 7: 1. können, kann, konnte, hat gekonnt; 2. dürfen, darf, durfte, hat gedurft; 3. wollen, will, wollte, hat gewollt; 4. sollen, soll, sollte, hat gesollt; 5. müssen, muss, musste, hat gemusst; 6. sein, ist, war, ist gewesen: 7. haben, hat, hatte, hat gehabt
Übung 8: 1. soll; 2. muss; 3. müssen; 4. kann; 5. muss
Übung 9: 1. ins Schwitzen kommen; 2. abenteuerlich klingen; 3. frech werden; 4. Namen nennen; 5. zustimmend nicken; 6. an die große Glocke hängen; 7. in Zusammenhang stehen; 8. konkret werden
Übung 10: 1. wollte; 2. waren; 3. erwiderte; 4. kam; 5. wollte; 6. hatte
Übung 11: 1. Sie haben die Schnipsel wieder zusammengelegt. 2. Sandra und ihr Kollege haben einiges herausgefunden. 3. Der Journalist hat alles genau beobachtet. 4. Sie haben ihre Ermittlungen noch einmal überprüft. 5. Der Mann in dem BMW ist schnell weggefahren.
Übung 12: 1. Wie; 2. Wen; 3. Wo; 4. Was; 5. Was für; 6. Welche; 7. Wohin
Übung 13: 1. A; 2. D; 3. D; 4. D; 5. D; 6. D; 7. A; 8. D; 9. D; 10. D; 11. D
Übung 14: 1. N; 2. H; 3. H; 4. N; 5. H; 6. N; 7. N; 8. N
Übung 15: 1.d.; 2.f.; 3.b.; 4.a.; 5.g.; 6.c.; 7.e

Lösungen Abschlusstest

Übung 1: 1. einem; 2. den; 3. der; 4. dem; 5. dem; 6. das; 7. die; 8. der
Übung 2: 1. Der Tote hat in einem Hinterhof gelegen. 2. Die Kommissare sind in den Supermarkt gegangen. 3. Der junge Polizist hat auf der Tischkante gesessen. 4. Die Zeugin hat aus dem Fenster gesehen. 5. Der Beamte ist neben dem BMW stehen geblieben. 6. Otto hat sich hinter das Steuer gesetzt. 7. Die Polizisten haben sich über die Kühltruhen gebeugt. 8. Sandra hat ihren Ausweis aus der Tasche gezogen.

Übung 3: 1. denn; 2. aber; 3. weil; 4. Obwohl

Übung 4: 1. Als; 2. Wenn; 3. Wenn; 4. Als

Übung 5: 1. Der erstaunt**e** Bio-Markt-Besitzer machte groß**e** Augen. 2. Sie sahen einen schlank**en** älter**en** Mann mit gepflegt**em** Haar. 3. Der Anwalt trug einen grau**en** Anzug und schwarz**e** Schuhe. 4. Otto sah eine jung**e** dunkelhaarig**e** Frau. 5. Ein Mann mit lang**em** Mantel lief schnell weg. 6. Das verpackt**e** Fleisch stapelte sich in den Tiefkühltruhen. 7. Die neugierig**e** Zeugin gab ihm ein wasserdichtes Alibi. 8. Sie sprachen mit den anwesend**en** Mitarbeitern. 9. Nora fragte mit traurig**er** Stimme nach Tobias.

Übung 6: 1. das Haus, der Meister, der Hausmeister; 2. der Schlaf, das Zimmer, das Schlafzimmer; 3. der Morgen, die Luft, die Morgenluft; 4. die Stadt, der Plan, der Stadtplan; 5. der Einsatz, das Team, das Einsatzteam; 6. das Fleisch, die Theke, die Fleischtheke; 7. der Dienst, die Stelle, die Dienststelle; 8. die Tat, die Zeit, die Tatzeit

Übung 7: 1. ihn; 2. ihr; 3. es; 4. Sie; 5. ihm; 6. Sie; 7. ihm; 8. sie; 9. ihnen; 10. sie

Übung 8: 1. Gestehe! Gesteht! 2. Lies! Lest! 3. Gib auf! Gebt auf! 4. Geh! Geht! 5. Finde heraus! Findet heraus! 6. Antworte! Antwortet!

Übung 9: 1. Verdacht; 2. Mitteilung; 3. Geständnis; 4. Kollege

Übung 10: 1. seinem; 2. ihren; 3. seinem; 4. seinen; 5. ihrem; 6. ihre; 7. sein; 8. seinem

Übung 11: 1. Wohin? 2. Wohin? 3. Wo? 4. Wo? 5. Wo? 6. Wohin? 7. Wohin?

Übung 12: 1. dritten; 2. ersten, fünfzehnten; 3. fünfhunderttausendste; 4. siebten, achten; 5. vierte; 6. zehnten, zwölften